일상을 관리하고
경험을 기록하는 힘

노션 저널

일상을 관리하고
경험을 기록하는 힘
노션 저널

초판 1쇄 인쇄   2024년 6월   1일
초판 1쇄 발행   2024년 6월 10일

지은이   김지혜(차곡차곡)
펴낸이   한준희
펴낸곳   (주)아이콕스

본문디자인   프롬디자인
표지디자인   프롬디자인
영업   김남권, 조용훈, 문성빈
경영지원   김효선, 이정민

Education by Sympathy

주소	(14556) 경기도 부천시 조마루로 385번길 122 삼보테크노타워 2002호
홈페이지	www.icoxpublish.com
쇼핑몰	www.baek2.kr (백두도서쇼핑몰)
이메일	icoxpub@naver.com
전화	032-674-5685
팩스	032-676-5685
등록	2015년 7월 9일 제 386-251002015000034호
ISBN	979-11-6426-245-8 (13000)

일상을 관리하고

● 김지혜(차곡차곡) 지음 ●

경험을 기록하는 힘

노션 저널

NOTION JOURNAL

iCox
Education by Sympathy

들어가며

"하루 종일 바빴는데 뭘 했는지 모르겠네.", "할 일이 너무 많아서 뭐부터 해야 할지 모르겠어.", "나는 왜 이렇게 결심만 하고 실천을 못할까.", "하루가 허무하게 흘러가는 것 같아, 그리고 앞으로도 그럴 것 같아."

단군 이래 가장 바쁘게 살아가는 시대에서, 이런 말을 한 번도 안 해본 사람은 없을 것 같습니다. 저도 습관처럼 하던 말이었습니다. 하고 싶은 것이 많아 생산성 툴에 관심을 가지던 중 2019년 노션을 만났습니다.

노션을 6년간 사용하면서 하루 일과를 기록한 것들이 삶의 노하우가 되었고, 하는 일은 많아졌지만 오히려 머릿속은 정리되었습니다. 여러 경험에 대한 기록은 콘텐츠가 되었고, 노션 자체가 콘텐츠가 되기도 했습니다. 그리고 생활하는데 필요한 많은 템플릿들을 만들고 수정하면서 노션의 활용 노하우도 발전해왔습니다. 제 '노션 저널(Notion Journal)'*을 보면 6년 간의 저에 대한 모든 기록이 남아있고, 노션을 통해 복잡한 문제를 정리해 나가기도 했으며, 불가능할 것 같았던 목표를 차곡차곡 달성하기도 했습니다.

하루에 50번은 넘게 노션을 체크하는 것 같습니다. 그렇다고 노션에서 화려한 디자인과 고급 기술을 사용하는 것은 아니지만 일상 생활을 관리하는데 밀접하게 필요한 기능만 사용하여 하루를 충실히 살아가고 있습니다. 노션이 없었다면 일을 처리하는데 시간이 더 걸렸거나 더 복잡하게 문제를 해결하거나, 혹은 포기하는 일도 있었을 것입니다. 노션은 일기장이자 다른 사용자와 협력하는 도구가 되기도 하고, 육아에 필요한 정보를 기록하고 관리하기도 하고, 살림을 도와주기도 하고, 커리어를 확장해 주기도 했습니다.

---

* 노션 저널(Notion Journal)은 노션(Notion)을 통해 시간을 기록하고 경험을 관리하는 온라인 저널입니다. 이 책 전반에 걸쳐 노션 저널을 어떻게 만들게 되었는지, 어떻게 정리해 나가는지에 대한 자세한 내용을 다루고 있습니다.

노선을 쓰면 쓸수록 '좋은 건 나눠야 해'라는 생각이 더욱 커졌고 기회가 주어져서 책을 집필하게 되었습니다. 아이를 키우면서 전자책을 쓰고, 부업을 하고, 컨설팅을 하며 책을 쓸 수 있던 비결도 결국 노선 덕분이었습니다. 노선 저널을 쓰기 전과 후는 분명한 차이가 있다고 자신 있게 이야기합니다. 저에게 있어서 노선이라는 도구는 해리포터 덤블 도어 교수의 펜시브(Pensieve)와 같이, 생각을 덜어내고 저장해 두는 도구입니다.

노선 저널은 단순한 to do list가 아닙니다. 노선 저널을 작성하기 전에는 사전 질문지를 작성해야 하는데, 이를 통해 내가 중요하게 여기는 가치가 무엇인지, 내가 어떤 일을 하는데 시간을 할애하는지, 나의 목표는 무엇인지 점검할 수 있는 시간을 가질 수 있습니다. 이 때 반드시 시간이 걸리더라도 신중하게 생각하면서 적어보는 시간을 가지길 바랍니다. 유명한 업무 처리 기법 중 하나인 GTD(Getting Things Done) 기법도 처음에 문제를 수집하는 것에서 부터 시작하듯이, 노선 저널도 현재 관심사, 가치관, 해야 할 일, 일정을 먼저 모두 기록하고 파악한 후에 점검한 내용을 토대로 시스템을 만들어 갑니다.

이 책의 방향은 '여러분의 시간을 48시간으로 쪼개서 누구보다 효율적으로 살아보세요'가 아닙니다. 특별할 것 없어 보이는 일상도 기록으로 남기고, 기록이 노하우가 되어 일상에 도움이 되고, 목표가 있다면 잘게 쪼개어 시스템으로 만들어 이룰 수 있도록 도와주는 것입니다. 이를 위해 노선 기능을 알아본 후 본인에게 맞는 페이지를 만들 수 있도록 활용 방법까지 설명합니다.

당신의 시간은 기록될 가치가 있습니다. 생각대로 살지 않으면, 사는 대로 생각하게 된다는 말을 많이 들어봤지만 실천하기 어려웠습니다. 노선 저널을 만들면서 꼭 나에게 맞는 시스템을 만들고 습관으로 만들어 생각대로 사는 방향에 조금 더 가까워지는 시간이 되길 바랍니다.

-저자 김지혜(차곡차곡)

• 미리보기

이 책은 노션 저널이란 무엇인지를 알아보고 노션에 대한 기본&핵심 기능을 배운 후에 노션 저널의 전체 페이지를 따라하기로 만들어 봅니다.

CHAPTER 총 9개의 장으로 구성되어 있으며 CHAPTER 시작 전에 배우게 될 내용을 소개합니다.

STEP 노션에 대해 배울 내용을 STEP으로 구분해 설명해, 미리 배울 내용을 알 수 있습니다.

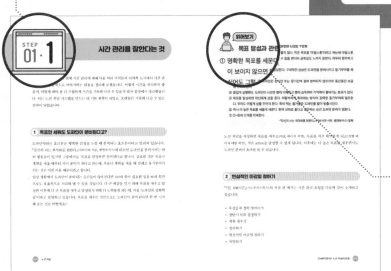

읽어보기 추가로 알아두면 좋을 내용이나 저자의 노하우를 설명합니다.

실습하기 개념이나 배운 이론을 실습을 통해 익힐 수 있습니다.

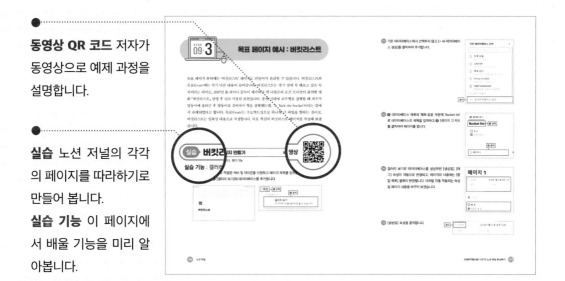

동영상 QR 코드 저자가 동영상으로 예제 과정을 설명합니다.

실습 노션 저널의 각각의 페이지를 따라하기로 만들어 봅니다.

실습 기능 이 페이지에서 배울 기능을 미리 알아봅니다.

이 책의 활용 방법

이 책의 구성

1장에서는 시간 관리란 무엇인지, 시간 관리 도구에 대한 특징 및 노션 저널이 필요한 이유를 설명합니다. 2장과 3장에서는 노션 저널이 무엇인지 설명하고 사전 질문지를 작성하면서 노션 저널을 구성해 봅니다. 4장부터 8장까지는 노션 기능의 기본&핵심 기능과 협업 기능, 다채롭게 사용하는 방법을 설명합니다. 9장에서는 사전 질문지 답변을 바탕으로 노션 저널의 각각의 페이지를 따라하면서 만들어 봅니다.

CHAPTER 01	CHAPTER 02	CHAPTER 03
노션 저널의 탄생	노션 저널 맛보기	노션 저널 시작하기

노션 저널을 왜 작성해야 하는지,
노션 저널은 무엇인지 알아보고
사전 질문지를 작성합니다.

CHAPTER 04	CHAPTER 05	CHAPTER 06	CHAPTER 07	CHAPTER 08
노션 가입 및 수정	노션의 구성 요소별 특징	노션 핵심 기능	노션 함께 사용하기	노션 다채롭게 사용하기

노션의 구성을 살펴보고
기본, 핵심 기능과
협업하고 확장하여
사용할 수 있는 내용도
살펴봅니다.

CHAPTER 09
노션 저널 작성하기

노션 저널의 사전 질문지 답변 내용을 바탕으로,
앞에서 배운 노션 기능을 활용해
각각의 페이지를 만들어봅니다.

이 책의 특징

① 노션을 일상 생활에서 사용하고자 하는 노션 초보자를 위한 책입니다. 노션의 고급 함수 기능은 싣지 않았습니다.

② 노션은 데스크톱에서 편집하는 것이 편리하며 모든 기능은 데스크톱을 사용 기준으로 설명했습니다. 모바일 기준 설명이 필요한 경우 따로 모바일 기준이라고 명시해 두었습니다.

③ 데스크톱 앱도 있지만 웹 브라우저에서 편집 및 사용하길 권장 합니다. (여러 개의 노션 창을 띄워 놓고 작업할 때 편리합니다.)

④ 글로 적힌 설명이 부족할 수 있어 템플릿 별로 QR코드를 통해 제공되는 동영상으로도 내용을 볼 수 있습니다.

⑤ 모든 기능에 대한 설명은 무료 요금제 사용 기준으로 작성되었습니다. 플러스 요금제 이상 사용 가능한 경우 별도로 명시해 두었습니다.

⑥ 이 책에 소개되는 노션 저널을 만들고자 하면, 작성 전 사전 질문지를 반드시 완료해 주세요. 다만, 제공되는 예시 템플릿들은 반드시 노션 저널 형태로 만들지 않아도 별도 페이지로 사용 가능합니다.

⑦ 노션 저널은 사용자의 상황, 선호, 필요에 따라 얼마든지 자유롭게 만들어 나갈 수 있습니다.

⑧ 노션은 계속 업그레이드되고 있습니다. 2024년 2월 기준으로 이후 인터페이스 및 기능은 변경될 수 있습니다.

⑨ 예제 템플릿을 통해 실습하면서 노션 기능을 실습할 수 있고, 완성된 템플릿도 제공됩니다. 이외에 추가로 고퀄리티의 템플릿4종이 제공됩니다.

⑩ 노션에서 제공하는 AI 기능에 대해서 알아보고 활용할 수 있습니다. 거부할 수 없는 AI 시대에 노션을 일상 생활 활용 도구로 사용하면서 동시에 AI도 조금 더 친숙하게 사용할 수 있습니다. 2024년 1월에 출시된 일정 관리 끝판왕 노션 캘린더 앱을 통해 일정을 스마트하게 관리할 수 있습니다.

● 이 책에서 사용한 실습 예제&제공 템플릿

이 책에서 사용한 실습 예제와 모든 실습 예제의 정답과 추가 제공되는 템플릿은 [노션 저널] 독자 제공 링크(https://m.site.naver.com/1mxgk)에서 다운로드할 수 있습니다. 또는 아래 QR 코드를 스캔하여 바로 확인할 수 있습니다. (제공 템플릿 파일의 입력 코드는 stepwise입니다.)

제공하는 템플릿은 하루 관리 템플릿/버킷리스트/목표/와인 로그/여행 짐 싸기 체크리스트/카드 혜택/운동/ 냉장고 지도/레시피북/다이어리/Family calendar/Dashboard/학원 운영 템플릿/여행 계획/study log/가계부/habit tracker 등입니다.

노션 템플릿 복제하는 방법

01 노션 계정이 없다면 STEP 04-1를 통해 가입합니다.

02 복제하고자 하는 워크스페이스에 로그인한 후에, 복제를 원하는 페이지에 접속한 후 오른쪽에 [복제] 아이콘을 클릭합니다.

03 내 계정 워크스페이스의 [개인페이지] 목록에 해당 템플릿이 복제된 것을 확인할 수 있습니다.

차례

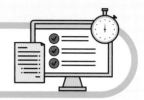

CHAPTER 01 노션 저널의 탄생

CHAPTER 06 노션 핵심 기능 익히기

CHAPTER ⑨ 나만의 노션 저널 완성하기

노션 저널의
탄생

'일상을 관리한다는 것'은 '시간 관리를 잘한다는 것'과 일맥 상통합니다. 1장에서는 시간 관리를 잘하고, 설정한 목표를 달성하는 데는 어떤 원칙들이 있는지, 관련 서적에서 공통적으로 이야기하고 있는 내용에 대해 살펴봅니다. 뇌과학 연구를 다룬 도서에서 공통적으로 이야기하는 시간 관리에 대한 내용과 어떻게 하면 시스템을 통해 효율적으로 일상을 관리하고 기록할 수 있을지 필자가 고민한 내용도 함께 제시합니다. 그리고 시간을 관리하고 기록하는 도구는 어떤 모습이어야 시스템을 효과적으로 유지해 나갈 수 있을지 알아보고, 결과적으로 우리 삶에서 일상 관리와 기록이 필요한 이유에 대해 살펴보겠습니다.

전체적으로 내가 그토록 열망하던 완벽함에 한 번도 도달하지 못했지만,
그 노력 덕분에 더 행복하고 더 나은 인간이 될 수 있었다.

벤저민 프랭클린

시간 관리를 잘한다는 것

노션 저널을 소개하기 전에 시간 관리에 대해 다룬 여러 서적들과 뇌과학 도서에서 시간 관리에 대해 공통적으로 이야기하는 내용을 정리해 보겠습니다. 그 내용을 토대로 어떻게 시간을 관리하면 좋을지, 어떻게 해야 좀 더 수월하게 시간을 기록해 나갈 수 있을지 필자 관점에서 정리했습니다. 이는 노션 저널 시스템을 만드는 데 기본 원칙이 되었고, 오랫동안 기록해 나갈 수 있는 전략이 되었습니다.

1 목표만 세워도 도파민이 분비된다고?

도파민은 행복한 감정을 느낄 때 분비되는 호르몬이라고 알려져 있습니다.『당신의 뇌는 최적화를 원한다』(가바사와 시온, 쌤앤파커스)에 따르면 도파민을 분비시키는 여러 행동들이 있지만 그중에서도 '목표를 달성하면' 분비된다고 합니다. 중요한 것은 목표나 계획을 세울 때부터 이미 분비가 된다고 하는데, 목표나 계획을 세울 때 설레고 동기부여가 되는 것은 이런 이유 때문이라고 합니다.

일상 생활에서 도파민이 분비되는 순간들이 많아진다면 100의 힘이 필요한 일을 80의 힘으로도 효율적으로 처리해 낼 수 있을 것입니다. 어떤 목표를 세우고 달성한 이후에는 더 큰 쾌감을 얻기 위해 더 큰 목표를 세우고 달성하려고 더 노력하게 되는데, 이를 '도파민의 강화 학습'이라고 설명하고 있습니다. 목표를 세우는 것만으로도 도파민이 분비된다면 한 번 시작해 보는 것은 어떨까요?

읽어보기

목표 달성과 관련된 행복 물질 도파민이 나오는 7단계

① 명확한 목표를 세운다. 너무 거창해도 좋지 않다. 작은 목표를 '마일스톤'이라고 하는데, 마일스톤이 보이지 않으면 달리는 페이스를 알 수 없을 뿐더러 성취감도 느끼지 못한다. 아무리 완주하고 싶어도 그럴 기력이 사라지는 것이다.

② 목표를 이룬 자신을 구체적으로 상상한다. 구체적인 상상은 도파민을 분비시키고 동기부여를 해서 성공 확률을 높인다.

③ 목표를 자주 확인한다. 도파민은 장시간 또는 장기간에 걸쳐 분비되지 않으므로 중간중간 보급해 주어야 한다.

④ 즐겁게 실행한다. 도파민이 나오면 빨리 이해하고 빨리 습득하며 기억력이 좋아지는 효과가 있다.

⑤ 목표를 달성하면 자신에게 상을 준다. 떠들썩하게 축하하는 방식이 강력한 동기부여에 일조한다. 우리도 이렇게 상을 주어야 한다. 특히 먹는 즐거움은 도파민을 많이 방출시킨다.

⑥ 즉시 더 높은 목표를 새롭게 세운다. 현재 상태로 좋다고 생각하는 순간 도파민 분비가 멈춘다.

⑦ ①~⑥의 단계를 반복한다.

- 『당신의 뇌는 최적화를 원한다』(가바사와 시온, 쌤앤파커스)에서 발췌

노션 저널을 작성하면 목표를 세우고(목표 페이지 작성), 목표를 자주 확인하게 되고(실행 페이지 매번 확인), 작은 action을 달성할 수 있게 됩니다. 이후에는 더 높은 목표를 세우면서도 도파민 분비의 효과를 볼 수 있습니다.

2 현실적인 마감일 정하기

『7일, 168시간』(스노우폭스북스)의 저자 젠 예거는 시간 관리 요령을 다음과 같이 소개하고 있습니다.

- 우선순위 정하기(버리기)
- 장단기 목표 설정하기
- 계획 세우기
- 정리하기
- 현실적인 마감일 정하기
- 위임하기

모두 노션 저널 구성에 포함되어 있는 내용이며, 이 중에서도 현실적인 마감일 정하기는 노션 저널 '목표' 페이지에서 목표를 달성하기 위한 타임라인 데이터베이스를 통해 시각적으로 정리해 볼 수 있습니다. 요점은 '현실적인'과 '마감일'입니다. 무리하게 세운 목표가 아닌 자신의 상황에 맞는 현실적인 마감일을 정하고, 목표 달성을 위해서는 반드시 '마감일'이 필요하다는 것입니다.

③ 우선순위를 정하고 과감하게 버리기

우리의 에너지는 한정적입니다. 하지만 계획을 세우고 실행할 때는 이런 사실을 자신의 의지력으로 극복할 수 있다고 생각하기 쉽습니다. 데이비드 디살보는 그의 책『나는 결심하지만 뇌는 비웃는다』(모멘텀)에서 인간의 뇌는 우선순위를 '열심히 일하기'보다는 '스트레스받지 않고 놀기'에 두고 있다고 말합니다. 후자가 생존에 더 유리하기 때문입니다. 몸의 에너지가 떨어질수록 인간의 뇌는 무의식적으로 의지력을 떨어뜨립니다. 그러니 이미 에너지가 바닥난 저녁에는 의지력이 약해질 수밖에 없습니다. 노는 행동에 반하는 행동을 할 때는 그만큼 에너지가 더 소모되기 때문입니다. 미미할 정도로 아주 사소한 일들도 우리의 에너지를 갉아먹습니다.『나는 결심하지만 뇌는 비웃는다』(데이비드 디살보, 모멘텀)에 등장하는 흥미로운 연구가 있습니다. 한 그룹의 사람들에게 "어떤 펜으로 글씨를 쓸 건가요?"와 같은 사소한 의사결정을 연속적으로 물었더니 이후 의사결정에서 그렇지 않은 그룹에 비해 충동 조절능력이 떨어지고 판단력도 저하된다는 사실을 발견했습니다. 선택의 연속인 하룻동안에 욕심내지 않고 에너지를 안배하는 것은 놓치기 쉽지만 당연히 해야 할 일입니다.

시간 관리를 다룬 책에서 빠짐없이 나오는 내용은 선택과 집중에 대한 것입니다.『메이크 타임』(제이크 냅, 존 제라츠키)에서도 '하이라이트'라는 개념이 있어서 집중할 일을 반드시 선택하여 그 일에 에너지를 쏟도록 하고 있습니다. 워렌 버핏도 그 날의 할 일을 정할 때 우선순위 3번 이후는 모두 리스트에서 삭제해 버린다는 일화가 있습니다.

동시에 여러 가지 일을 하는 멀티 태스킹(multi-tasking)도 시간을 효율적으로 사용하는 것처럼 보이지만 멀티 태스킹을 하는 사람의 뇌에서는 사실 '멀티 스위칭'을 하고 있다고 합니다. 여러 가지 일을 스위치 켜듯 왔다갔다 하고 있기 때문에 그만큼 정신적인 에너지 소모도 큽니다. 할 일이 완료되지 않은 상태에서 다른 일을 하게 되면 집중력의 일부는 여전히 뒤에 남아 작업하고 있던 프로젝트에 붙들려 있게 됩니다. 미네소타 대학의 소피 리로이 교수는 이를 '주의 잔류물(Attention Residue)'이라고 하며, 바쁘기는 몹시 바쁜데 정작 한 일이 별로 없다고 느끼는 것이 이런 이유 때문이라고 합니다. 우선순위를 정하고 이에 집중해야 합니다. 노션 저널은 '실행' 페이지에서 그 날의 하이라이트를 정하고 집중하도록 구성되어 있습니다.

4 혼자서 이고 지지 말고 위임하기

반드시 해야 할 일이 쌓여 있는데, 도저히 혼자 힘으로 안 되거나 시간이 촉박할 때는 주변 사람들에게 적극적으로 도움을 청하는 것도 시간 관리에 꼭 필요한 요소입니다. 노션 기능 중 '게스트' 초대 및 공유 기능을 통해 페이지를 함께 편집하고 피드백하는 방법을 알아보고 페이지를 만들어 볼 수 있습니다. 7장에서 게스트 초대와 댓글 및 멘션으로 협업하는 내용을 학습하고, '9장 노션 저널 만들기'에서 협업 예시 페이지를 만들고 게스트를 초대하는 기능을 실습해 보겠습니다.

5 목표를 잘게 쪼개어 action plan 나누기

대규모 과제가 있을 때는 그것을 의미 있고 시행 가능한 덩어리들로 나누어야 합니다. 조직 이론 분야의 석학인 미시간 대학교 칼 웨익 교수는 "24시간에 한 번씩 성공하라"고 조언합니다. 이를 작은 승리(Small Wins)라고 표현하는데, 그렇게 하면 시간 관리가 훨씬 쉬워지고, 쪼개진 일을 달성할 때마다 Small Wins에 대한 자기 만족감이 높아지게 됩니다. 각 단계를 마무리할 때마다 신경화학적인 만족이 뒤따르는 것입니다. 단, 하루 계획이 너무 촘촘하고 가짓수가 많다면 계획을 세우는 데 오히려 시간이 낭비되고, 계획대로 되지 않을 가능성도 커지기 때문에 주의해야 합니다. 핵심은 장기적인 목표가 있다면 반드시 (수용 가능한) 단기 목표로 세분화하여 달성해 나가야 한다는 것입니다. 꾸준함을 위해서는 무엇보다 동기부여가 중요하고, 동기부여에는 Small Wins만한 도구가 없습니다.

『나는 결심하지만 뇌는 비웃는다』(데이비드 디살보, 모멘텀)의 내용 중에도 대책 없는 뇌를 이기는 4가지 방법 중 단기적 보상에 주목하라고 소개하고 있습니다.

"행복한 뇌는 단기적인 것에 집중하는 성향이 있다. 우리가 충분히 달성할 수 있는 단기 목표를 먼저 세우고, 그 목표가 결국에는 장기 목표를 이루게 해줄 것이라고 생각하는 편이 유익하다. 단기 목표를 세우고 달성할 때마다 보상을 해주는 것이 효과적이다."

노션 저널의 목표 페이지에서는 현재 목표하고 있는 내용의 큰 덩어리를 action plan 형태로 나누고 task별로 타임라인을 만들고 완료해 나가는 시스템을 만들어 보겠습니다.

6 얼마나 잘해 왔는지 칭찬하고 점검하기

앞서 목표를 현실적으로 그리고 마감일을 설정하는 내용에 대해 살펴보았지만 그만큼 중요한 것은 현 상황을 점검하는 것입니다. 피드백은 빠르게 실적을 높이는 연료가 됩니다. 한참 뒤에 나올 결과에 대해서는 걱정을 덜하는 경향이 있지만 피드백이 나오면 이에 집중하게 되고 결과적으로 더 좋은 성과를 내기 위해 노력할 수밖에 없습니다.

노션 저널에는 목표 달성률을 점검하는 섹션이 포함되어 있습니다. 자신의 가치관이나 목표에 맞게 잘 가고 있는지, 수정할 부분은 없는지 주기적으로 점검하는 시간이 필요합니다. 노션 저널을 사용하면서 월 1회 시스템을 점검하는 시간을 갖고 조금씩 수정해 나가면 좋습니다. 노션 저널의 '회고 모음' 페이지는 한 달 동안 해왔던 일들, 달성한 일들을 눈으로 확인해 볼 수 있는 페이지입니다. 얼마나 계획을 지키지 못했는지에 집중하는 것이 아니라 얼마나 많은 일들을 해왔는지에 방점을 두고 점검하는 데 목적이 있습니다.

7 휴식을 소홀히 하지 않기

무엇이든 오래 지속하기 위해서는 반드시 멈춤이 있어야 합니다. 이런저런 시간 관리 책과 뇌과학 책에서 공통적으로 집중할 시간과 쉴 시간을 잘 조절하는 것이 중요하다고 이야기합니다. 하루 종일 집중 모드를 하고 있는 것은 불가능하며, 무리하면 오히려 앞으로 나아갈 수 없게 됩니다. 장시간 쉴 새 없이 일하는 것은 컴퓨터나 기계에게 적합한 방식입니다. 시간 관리에 관심이 지대했던 벤저민 프랭클린도 점심시간은 2시간, 저녁에는 음악을 틀거나 기분 전환을 하거나 대화 시간을 가졌고 밤에는 충분히 잠을 잤다고 합니다. 벤저민 프랭클린은 시간 관리의 대가로 왠지 시간을 허투루 쓰지 않고 일만 했을 것 같지만 그는 삶의 기쁨을 한껏 누린 것으로도 유명합니다.

그는 어떻게 자기 분야에서 큰 업적을 이루고 여가 생활부터 사회적인 교류까지도 활발히 할 수 있었을까요? 점심 식사를 2시간 동안 즐겼고, 저녁에는 대화를 하거나 음악을 들었으며, 잠도 충분히 자는 등 여가와 휴식을 규칙적으로 즐겼기 때문입니다. 사업적으로 큰 성공을 거둘 수 있었던 것도 이처럼 일과 휴식을 균형적으로 조절했기 때문이 아닐까요? 시간이 충분해야 생산성을 높일 수 있다는 것은 어쩌면 잘못된 고정 관념일 수 있습니다.

스트레스를 지속적으로 받으면 노르아드레날린이 부족해지고, 그런 상황이 장기화되면 우울증에 걸릴 위험이 높아진다고 합니다. 이런 사태를 피하려면 장기적으로 스트레스를 받지 않아야 합니다. 확실하게 쉬는 것이 좋습니다. 쉬는 것이 오히려 생산성을 높여줍니다. 노르아드레날린이 계속 분비된다는 것은 긴장의 끈이 끊어지거나 늘어져 버리는 것이고, 쉼은 노르아드레날린이 계속 흘러나오는 것을 방지하는 것입니다. 오래가고 싶을수록 잘 쉴 수 있어야 합니다. 노션 저널을 작성하는 목적은 하루를 촘촘하게 극도로 효율적으로 살아가기 위함이 아니라 해야 할 일을 체계적으로 정리하고, 정리된 시간 속에서 그만큼 여유를 갖도록 하기 위함입니다.

STEP 01·2 시간 관리 도구의 조건

생산성 도구(tool)는 어떤 특징이 필요할지 알아보겠습니다. 도구가 중요한 이유는 기능이 좋아도 편리성이 떨어진다면 시작하기도 어렵고 지속하기도 어렵기 때문입니다.

① 관리하는 것을 관리하기 위한 시간은 최대한 줄이는 것이 좋습니다.

시간 관리 도구는 말 그대로 '도구'입니다. 사용하기 어렵고 꾸미는 데 시간을 많이 써야 한다면 편하게 사용하기 어렵습니다.

② 직관적으로 사용할 수 있어야 합니다.

많은 사람들이 '생산성 도구'하면 '복잡해 보여', '나는 쓰기 어려울 것 같아'라는 생각으로 시도조차 해보지 않는 경우들이 있습니다. 따라서 편집이나 보기에 쉽고 직관적이어야 합니다.

③ 달성률이 보여야 합니다.

수치화된 목표는 동기부여의 중요한 요소입니다. 수치화된 목표를 설정해 두고, 달성한 내용을 체크할 때마다 달성률이 눈에 보인다면 좋은 동기부여가 될 수 있습니다.

④ 한곳에서 보여야 합니다.

기록은 한곳에 모아 볼 수 있어야 기능을 200% 발휘합니다. 어떤 기록은 A 앱에, 어떤 관리는 B 프로그램에 해야 한다면 각 프로그램을 익히고 관리하는 데 에너지가 소모됩니다.

⑤ 고민과 선택의 시간을 줄여주어야 합니다.

구현할 수 있는 기능으로 시스템을 만들었다면 고민하고 선택하는 시간을 줄여줍니다. 고민하고 선택하는 데도 에너지가 많이 소모되므로 적은 에너지로 최선의 선택을 하는 것이 효율적입니다.

노션 저널이 필요한 이유

1 기억이 아닌 기록을 믿어야 한다

기억은 언제나 불완전합니다. 기록에는 경험에 대한 기록이 필요하기도 하고, 학습에 대한 기록이나 예정한 일에 대한 기록이 필요하기도 합니다. 이 모든 기록을 '노션 저널'이라는 온라인 저널을 만들어 정리해 나간다면 기억에 의존하지 않아도 되고, 내가 경험한 내용을 한곳에 정리해 둘 수 있습니다. 노션 저널은 앞서 정리한 시간 관리에 대한 원칙을 토대로 관리하기 쉬운 노션이라는 도구를 통해 나의 시간을 기록하고 일상을 관리하는 온라인 저널입니다.

더욱이 경험에 대한 기록은 뇌를 거치기 때문에 그 자체로 불완전하고, 시간이 지날수록 왜곡되기 쉽습니다. 『당신의 뇌는 최적화를 원한다』(쌤앤파커스)의 저자 가바사와 시온도 메모의 습관화가 필요하다고 강조합니다.

"대부분의 꿈이나 영감은 몇 분 이내에 잊힌다. 이것은 뇌의 특성상 어쩔 수 없는 일이다. 입력된 모든 것을 기억해야 한다면 뇌는 정보로 꽉 차서 터져버릴 것이다. 입력된 정보도 영감도 99% 이상은 잊힌다. 영감이 번뜩였다면 그 순간에 반드시 메모를 하자. 메모를 습관화하면 여러분의 아이디어 메모에 독특한 착상, 영감이 점점 축적될 것이다."

2 적다 보면 무엇부터 할지 정리가 된다

『끝도 없는 일 깔끔하게 해치우기』(21세기북스)의 저자 데이비드 알렌은 자기 마음속에 들어있는 모든 것을 큰 목록으로 작성하고 나면 긴장이 풀리면서 일에 더 집중할 수 있다고 이야기합니다. 인지심리학자들은 이를 '되뇌기 고리(Rehearsal Loop)'라고 부릅니다. 무언가 중요한 일, 특히 반드시 해야 할 일을 마음에 두고 있으면 그것을 잊어버릴까 봐 겁이 나서 반

복하여 그 내용을 되뇌기 시작하는데, 이것을 적어 두면 이제 고리에서 내려 놓아도 된다는 것입니다.

집에서는 회사일 걱정, 직장에서는 집안일 걱정에 어디에도 집중하지 못하고 붕 떠 있는 경우가 많습니다. 그럴 때는 지금 하고 있는 고민이나 생각해야 할 일, 해야 할 일을 다 적어서 어딘가에 옮겨보면 먼저 무엇을 해야 하는지, 무엇을 걱정하지 않아도 되는지, 내가 어떤 것을 중요하게 생각하는지, 또 해결책은 무엇인지 명확해집니다. 이 일을 하고 있으면서 다른 일이 계속 생각나는 이유는 지금 이 일을 하는 것이 맞는지에 대한 확신이 없기 때문입니다.

'지금 이 시간에 나는 이 일을 하기로 결정했다'라고 생각하면 아무리 해야 할 일이 많더라도 집중하여 처리할 수 있게 됩니다. 노션 저널을 작성하다 보면 이런 프로세스를 습관적으로 할 수 있습니다. 어떤 일이 복잡하고 어려워 보여도 실타래 풀듯이 적고 정리하다 보면 처음에 생각했던 것보다 쉽게 현실화 할 수 있습니다.

계획을 세우고 생각을 정리하는 단순한 행동 하나만으로 마음이 정리되고 자이가르닉 효과가 사라집니다. 자이가르닉 효과는 러시아의 심리학자 블루아 자이가르닉이 처음 사용한 개념으로, 완료되지 않은 과업은 무의식중에 계속 생각 속에 남아 있게 되고, 그 일을 완료해야 비로소 기억 속에서 사라지게 된다는 것입니다. 해야 할 것 같은 어떤 일을 생각 속에서 꺼내어 적어 두는 것만으로도 미완성 효과가 어느 정도 해소될 수 있습니다.

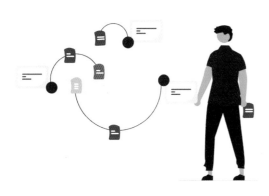

3 선택에 필요한 에너지를 줄여준다

정보의 홍수 속에서 어떤 일이 나에게 필요한 것인지, 어떤 일이 무시해도 되는 것인지 무의식적으로 매 순간 판단을 합니다. 메모와 기록은 이런 일에 소모되는 에너지를 줄여줄 수 있습니다. 내가 관심 있는 일이 무엇이고, 어떤 가치를 중요하게 여기는지 적어보면 명확해지고, 기준을 만들어 계획을 세우면 선택에 낭비되는 에너지를 줄일 수 있습니다.

『정리하는 뇌』(와이즈베리)의 저자 대니얼 J. 레비틴에 따르면 머릿속이 정리되면 크게 애쓰지 않아도 좋은 의사결정을 할 수 있다고 합니다. 그는 과학연구자로 장관, 내각 관료, 유명 음악가, 『Fortune』 선정 500대 기업의 회장을 만나면서 그들에게서 일관된 공통점을 찾았습니다. 그들은 서두르는 기색이 없고, 여유가 넘쳤으며, 상대방에게 온전히 집중한다는 것입니다.

이 순간에 다른 곳으로 가야 한다거나 더 중요한 사람과 이야기하고 있어야 하는 것은 아닌가 하는 걱정으로 마음 졸일 필요가 없다는 것입니다. 이미 비서나 보좌진을 통해 그 시간을 가장 잘 활용하는 방법을 '대신 판단'해 놓았기 때문입니다. 당장 해야 할 일을 선택하여 결정한다면 한눈팔지 않고 더욱 그 순간에 집중할 수 있습니다. '노선 저널'을 통해 실천할 수 있도록 해봅니다.

노선 저널은 여러 가지 해야 할 일을 나열하고, 분류해 두었다가 그 시간이 되었을 때 주어진 일을 처리할 수 있도록 만들어 둔 시스템입니다. 『정리하는 뇌』의 저자 또한 생산성과 효율성은 '범주화'를 통해 체계적으로 정리할 수 있게 도와주는 시스템에 따라 결정된다고 보았습니다. '범주화'를 통해 체계적으로 정리할 수 있는 시스템이 필요하다고 보았고, 이런 범주화는 선택에 필요한 정신적 노력을 감해 주고, 정보가 능률적으로 흐를 수 있도록 도와준다고 했습니다.

신경과학자들은 결정할 것이 과도하게 많아지면 생산력이 저하되고 추진력을 상실할 수 있다고 이야기합니다. 일상 생활에서 사소하게 결정해야 할 일들과 너무 많이 마주치다 보니 피로가 쌓여 정작 중요한 결정을 내려야 할 때 쓸 에너지가 남아 있지 않게 됩니다. 노선 저널을 작성하면서 할 일을 정리하고 범주화함으로써 불필요한 선택을 최소화하고 생각을 정리하며 효율적으로 의사결정할 수 있는 습관을 만들 수 있습니다.

4 복잡할수록 시스템이 필요하다

우리는 남녀노소를 불문하고 어느 때보다도 복잡한 하루를 살고 있습니다. 그럴수록 필요한 것은 단순한 시스템입니다. 가끔은 아무 생각 없이 그 시스템이 나를 자동 조정 장치처럼 앞으로 나아가게 해주기도 합니다. 그렇게 지내다가 목표가 바뀌면 조금씩 수정해 나가면 됩니다.

지금까지 시간 관리를 효과적으로 할 수 있는 방법, 그 내용을 담아낼 수 있는 도구가 갖추어야 할 특징과 이런 내용이 접목되어 노선 저널을 만들게 된 이유에 대해 살펴보았습니다. 2장에서는 노선 저널이 무엇인지, 왜 하필 '노선'이라는 도구를 사용해야 하는지에 대해 알아보도록 하겠습니다.

02
CHAPTER
N o t i o n   J o u r n a l

노션 저널
맛보기

2장에서는 1장에서 살펴보았던 내용으로 구성된 노션 저널(Notion Journal)이 무엇인지 알아볼 것입니다. 노션 저널은 어떻게 구성되어 있고 어떤 과정으로 작성되는지 알아보고, 왜 '노션'이라는 도구로 작성하는 것이 좋은지도 살펴봅니다. 여기서는 노션 기능을 학습하지 않기 때문에 노션 초보자라도 이해할 수 있으며, 노션 저널의 구성과 절차는 보다 이해하기 쉽도록 예시를 통해 설명이 이루어집니다. 2장에서는 노션 저널의 구성을 간략하게 살펴보고, 구성별 자세한 특징 및 상세한 과정은 3장에서 다루도록 하겠습니다.

정리된 마음은 당신이 그렇지 않았다면 상상하지도 못했을 일을 하게 하고,
상상하지 못했던 곳에 갈 수 있게 해준다.

대니얼 J. 레비틴(『정리하는 뇌』의 저자)

노션 저널이 뭔데요?

노션 저널은 1장에서 정리한 시간 관리에 대한 원칙을 토대로 관리하기 쉬운 노션이라는 도구를 통해 자신만의 이야기를 기록하고 관리하는 온라인 저널입니다. 다시 말해 불렛 저널(Bullet Journal : 라이더 캐롤(Rider Carroll)이 고안한 다이어리 작성법의 한 종류로, bullet 기호를 이용하여 정보의 중요성 및 종류를 표시함) 및 GTD 기법을 혼합하여 노션이라는 도구를 통해 구현한 일상 관리 시스템이라고 할 수 있습니다. 노션 저널은 단순한 to do list가 아닙니다. 나를 돌아보고 정리가 필요한 영역을 점검해 볼 수 있습니다.

노션 저널에는 다음과 같은 활동들이 포함되어 있습니다.

1. 가치 점검하기(Value)
2. 관리하기(Manage)
3. 기록하기(Record)
4. 목표 세우기(Goal)
5. 실행하기(Action)
6. 협업하기(Co-work)
7. 회고하기(Self-reflect)

노션 저널을 만들기 전에 사전 질문지를 통해 자신의 상황을 점검하고 정리하는 시간을 가진 후 그 내용을 토대로 작성해 나가도록 합니다. 이 책에서는 이해를 돕기 위해 임의로 사전 질문지에 대한 답을 작성했습니다. 그 답을 기준으로 9장에서 노션 페이지를 제작했지만 자신의 상황에 맞게 작성해 나갈 수 있습니다.

GTD 기법이란?

Getting Things Done 기법이라고 해서 데이비드 알렌(David Allen)이 저술한 책에서 나오는 일 처리 기법입니다. 수집(collect)→가공(process)→조직화(organize)→검토(review)→실행(do)으로 이루어져 있습니다.

- **수집** : '수집' 단계에서는 현재 하고 있는 프로젝트, 간단한 일, 생각해야 할 문제들, 버킷리스트 등을 적어봅니다. 수집의 목적은 현재 내가 갖고 있는 모든 스트레스를 한 공간에 모으는 것입니다. 머릿속을 비우는 것이 GTD 기법의 중요한 목적이며 노션 저널을 작성하는 이유 중 하나이기도 합니다. 우리는 이 작업을 '사전 질문지(3장)'에서 진행하고 노션 저널에 옮길 예정입니다.

- **가공** : '가공' 단계에서는 질문을 통해 작업을 명료화하게 됩니다. 모은 stuff, 즉 내용들을 구체적인 '할 일(action)'로 바꾸는 작업입니다. 예를 들어, 수집에서 '다이어트하기'라는 문장을 적었다면 이 내용을 명확한 일로 변환하는 것입니다. 노션 저널에서는 'Things to check' 섹션에서 task를 적을 때 자신만의 분류 tag를 정해서 일을 분류할 수 있도록 하는 과정이며 자세한 내용은 3장의 Action 섹션을 참고하길 바랍니다.

- **조직화** : '조직화' 단계에서는 목표와 우선순위에 따라 일을 분류하고 정리하는 작업을 하게 됩니다. 사전 체크리스트를 작성하고 나서 실행 페이지인 'Today is' 페이지를 작성할 때 이 작업을 합니다.

- **검토** : '검토' 단계에서는 행동이 끝난 후 다음 행동이 무엇인지 체크하고 정기적으로 내용을 검토합니다. 노션 저널의 경우에는 '회고 모음' 페이지를 통해 회고할 수 있는 단계를 마련해 두었고, 주기는 주/월/분기 중에서 선택할 수 있습니다.

- **실행** : '실행' 단계에서는 위 내용을 토대로 내용을 작성하고 현재 상황, 에너지, 가용 시간 등을 고려해 선택하여 실행합니다.

GTD 기법의 자세한 내용은 『끝도 없는 일 깔끔하게 해치우기』(데이비드 알렌, 21세기북스)를 참고하길 바랍니다.

STEP 02·2 노션 저널의 구성 및 작성 과정

1 노션 저널의 구성

노션 저널은 아래 활동들을 수행할 수 있도록 구성되어 있고, 노션 저널 사전 질문지를 작성한 후 나만의 노션 저널을 작성하여 일상을 관리할 수 있습니다. 사전 질문지는 '3장, 노션 저널 시작하기'에서 작성해 보겠습니다.

| 노션 저널 구성표 |

분류	설명
가치(Value)	가치 세우기 : 자신이 중요하게 여기는 가치관이 무엇인지 점검
관리(Manage)	똑똑하고 효율적으로 관리하기 : 정보를 가공하여 효율적으로 관리할 수 있도록 함
기록(Record)	흩어지는 순간 기록하기 : 기록해 나가고자 하는 내용
목표(Goal)	목표 설정하기 : 이루고자 하는 현재 목표 설정하기
실행(Action)	신경 끄고 이곳만 체크하기 : 가치, 목표에 따른 세부 action plan, 루틴, 할 일의 허브
협업(Co-work)	함께 나누기 : 다른 멤버/게스트에게 일을 위임하거나 함께 실행
회고(Self-reflect)	나의 기록 돌아보기 : 자신이 해온 일들을 돌아보며 보상 및 성찰하고 목표나 실행 수정

2 노선 저널 작성 과정

노선 저널을 완성해 나가는 과정은 다음과 같습니다.

① **사전 질문지 작성** : 노선 저널의 토대가 되는 내용을 사전 질문지에 답변함으로써 일상을 어떻게 구성할지, 어떤 경험을 기록하고 관리할지 점검합니다.
② **노선 저널 구성** : 답변한 내용을 토대로 노선 저널을 구성하고, 어떤 페이지를 만들지 기획합니다.
③ **페이지 만들기** : 노선의 기본 및 핵심 기능을 활용하여 각 노선 페이지를 제작합니다.
④ **Dashboard 만들기** : 제작한 페이지를 Dashboard 페이지에 모아서 정리합니다. Dashboard는 노선 저널 페이지를 한눈에 볼 수 있는 페이지로, 나만의 노선 저널의 목차, 길라잡이, 사이트맵과 같은 역할을 합니다. 인터넷에서 여러 가지 형태의 멋진 노선 Dashboard를 찾아볼 수 있습니다.
⑤ **시스템 유지** : 제작한 노선 저널을 통해 일상을 관리하고 사용하면서 자신에게 편안한 사용법으로 정기적으로 수정하며 관리합니다.

▲ 노선 저널 작성 과정

2장에서는 우선 노선 저널의 전체적인 흐름을 파악해보고, 3장 노선 저널 시작하기에서부터 실제로 함께 작성해 볼게요.

Dashboard는 다음과 같이 구성할 수 있습니다. 7가지 분류에 따른 페이지 구성만 지켜진다면 세부적인 디자인은 기호에 따라 자유롭게 구성할 수 있습니다. 필자가 작성한 Dashboard는 왼쪽을 위젯으로 구성했고, 오른쪽에 7가지의 구성 요소가 모두 포함되어 있는 것을 볼 수 있습니다. ❶과 ❷는 실행(Daily), 가치(Value), ❸은 관리(Manage), ❹는 목표(Goal), ❺는 회고(Self-reflect), ❻은 기록(Record), ❼은 협업(Co-work)으로 구성되어 있습니다.

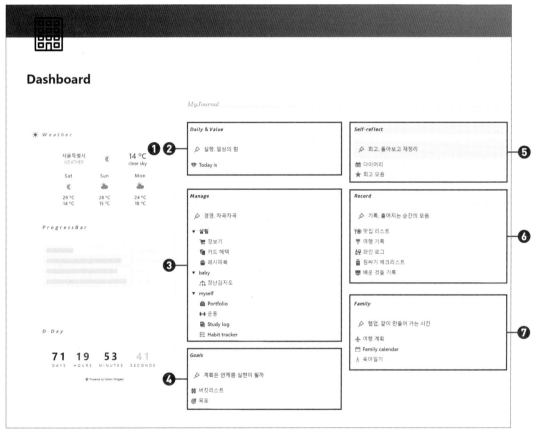

▲ 완성된 Dashboard 화면 예시

왜 하필 '노선'으로 만들어야 할까?

STEP 02·3

노선(Notion)은 2016년 미국 샌프란시스코 실리콘 밸리에서 탄생했습니다. 2020년에는 영어 다음으로 한국어 서비스가 시작될 정도로 한국인들이 사랑하는 생산성 도구입니다. 현재 50개 이상의 국가에서 사용 중이며, 스타트업부터 중견 기업, 대기업까지 다양한 곳에서 사용되고 있습니다.

"하나의 워크스페이스에서 문서를 작성하고, 지식을 정리하고, 프로젝트를 관리하세요."

이는 노선이 나아가는 방향을 정확히 설명해 주는 표현입니다. 노선의 중요한 탄생 배경 중 하나는 흩어진 상태로 관리되는 도구들을 한곳에 모아서 관리할 수 있도록 하기 위함입니다. 자세한 노선의 탄생 배경은 웹페이지(https://www.notion.so/ko-kr/about)를 참고하길 바랍니다. 노선이라는 도구를 이해하고 앞으로 활용하는 데 도움이 될 것이라고 생각합니다. 노선을 한마디로 정의한다면 '올인원 워크스페이스'입니다. 위키, 프로젝트, 문서 작업, 협업, AI 서비스, 일정 관리 등 거의 모든 작업을 노선을 통해 할 수 있고 다른 협업 도구와도 통합 사용이 가능합니다. 노선은 장점이 많은 도구이지만 대표적으로 몇 가지만 살펴보겠습니다.

◀ 노선 공식 웹사이트 'Notion' 소개 내용

1 노션은 사용하기 편합니다

노션은 한곳에서 메모를 하고, 문서 작업을 하고, 일정을 관리하고, 다른 사용자와 소통하기 편한 도구입니다. 하나의 계정으로 워크스페이스를 여러 개 만들어서 업무용, 개인용으로 구분하여 사용할 수 있습니다. 궁극적으로 생산성 도구는 사용하기 쉽고 정보가 한곳에 모아져 있어야 계속 이용하게 되는데, 이는 노션이 표방하는 목적과 방향을 같이하고 있습니다. 노션의 페이지를 구성하는 기본 요소인 '블록'은 모듈처럼 자유롭게 조립할 수 있고 직관적으로 사용할 수 있어서 편집하기에 용이합니다.

또한 사용자가 보기 편한 방식으로 얼마든지 최적화할 수 있습니다. 데이터를 구조화하는 형태인 데이터베이스 중 표 보기 형태가 이미지 중심 데이터베이스인 갤러리 형식이 되었다가 리스트 형식이 되기도 하고, 정렬과 필터 기능으로 원하는 데이터만 추출하여 여러 보기 버전으로 만들 수도 있습니다. 그리고 노션은 iOS, Android, Windows, MacOS 등 모든 운영체제에서 사용이 가능합니다.

2 동기화 및 협업이 가능합니다

노션에서는 구글 워크스페이스처럼 여러 명이 동시에 작업이 가능합니다. 게스트, 멤버 등이 공유 기능을 통해 한 페이지에서 작업이 가능하며, 모든 작업이 실시간으로 동기화되어 데스크톱에서 작성하고 있는 내용이 모바일 같은 페이지에 타이핑되는 모습도 볼 수 있습니다. 작업 후 저장하지 않아서 낭패를 본 경험이 한두 번은 있을 것입니다. 노션은 작성하면서 저장되는 시스템으로, 별도의 Command/Ctrl+S 저장이 필요 없습니다.

3 여러 서비스를 임베드하여 사용합니다

파일을 다운로드하지 않아도 임베드 형태를 통해 노션 페이지에 삽입하여 내용을 확인할 수 있습니다. 구글 드라이브, MS Office 문서, 오디오 파일, PDF 파일, 이미지, 동영상 등 문서 작업에 자주 사용하는 거의 모든 서비스를 임베드할 수 있습니다. 특히 많이 사용하는 구글 드라이브에 있는 파일을 노션에 임베드할 수 있으며, 구글 계정과 노션 계정을 연결하면 이후 구글 드라이브 파일 URL만 붙여 넣어도 노션으로 파일을 가져올 수 있습니다.

4 노션은 계속 연구되고 진화합니다

노션을 통해 프로젝트, 위키, 문서 작업뿐만 아니라 노션 AI 기능부터 최근에는 노션 캘린더 서비스까지 출시되어 사용되고 있습니다. 노션은 사용자들의 피드백을 적극 청취하고 개선하기 위해 노력합니다. 노션을 사용하면서 '이런 기능이 출시되면 좋겠다'고 생각했던 내용들이 지금은 많이 개선되어 서비스되고 있습니다. 노션은 사용자가 불편해하는 기능이 있다면 피드백을 받고 연구를 통해 개선하고 발전해 나가는 서비스입니다.

생산성 도구를 선택할 때의 대전제는 사용하기 편해야 한다는 것입니다. 일상을 관리하는 '시스템'을 구축하고 관리하는 데 에너지를 쓰기보다는 시스템을 통해 최대의 가치를 얻는 것이 중요하니까요. 노션은 일단 사용하기 쉽고 직관적이라 사용자의 취향에 따라 매우 단순하게 사용할 수도 있고 아주 세련되게 꾸밀 수도 있습니다. 3장에서는 여러 시간 관리에 대한 책 그리고 필자가 노션을 사용하면서 겪었던 시행착오를 바탕으로 만들게 된 노션 저널이 무엇인지, 어떻게 구성되어 있는지, 어떻게 사용하면 되는지를 구체적으로 살펴보겠습니다.

03

CHAPTER

노션 저널
시작하기

2장에서는 노션 저널의 구성 및 순서에 대해 간략히 알아보았고, 3장부터는 본격적으로 노션 저널이 시작됩니다. 우선 3장에서는 노션 저널 작성 과정 중 사전 질문지를 작성하고, 그에 따라 노션 저널을 구성해 보겠습니다. 노션 저널 페이지를 만들기 위해서는 노션 기능을 알아야 하기 때문에 4장부터 노션 기능을 익힌 후 9장에서 페이지를 제작해 보겠습니다. 3장은 노션 저널의 뼈대를 만드는 내용이므로 충분히 시간을 갖고 신중하게 작성해 봅니다.

인생은 높이 올라가는 것이 아니라 깊이 들어가는 것이다.

가바사와 시온(『당신의 뇌는 최적화를 원한다』의 저자)

사전 질문지 작성

본격적으로 노션 저널을 만들기 전에 필수적으로 자신에 대해 생각해 볼 시간을 가질 수 있는 사전 질문지를 체크합니다. 31페이지에서 살펴본 데이비드 알렌의 GTD 기법 중 '수집' 단계에 해당됩니다. 이 단계의 답변 내용을 토대로 노션 저널을 구축하고, 그 후에는 내용이 바뀌더라도 수정, 보완해 나가면 됩니다. 하루를 찬찬히 들여다보고 필요하면 잠시 멈추어 내가 소중하게 여기는 가치는 무엇인지, 내 일상 속에서 정리가 필요한 주제는 무엇인지, 설정하고자 하는 목표는 무엇인지 점검해 봅니다.

소요 시간은 30분이 걸릴 수도 있고 짬짬이 시간을 내어 깊게 생각하고 싶다면 일주일이 걸릴 수도 있습니다. 특히 사전 질문지 내용이 고민해 보지 않은 주제라면 생각해 볼 시간이 필요합니다. 중요한 것은 속도보다 방향성이기 때문에 심사숙고하여 작성합니다. 다음 사전 질문지는 노션 저널을 구성하는 요소(가치, 관리, 기록, 목표, 실행, 협업, 회고)를 포함합니다.

아래 사전 질문지를 작성해 보세요. 답변하기 어렵다면 다음 장에서 필자가 작성한 사전 질문지 답변 예시를 참고해 주세요.

Ⓝotion Journal **사전 질문지**

① 당신이 가장 중요하게 생각하는 가치관은 무엇인가요? (가치)

② 현재 목표는 무엇인가요? (목표)

---

③ 매일 하고 있는 루틴은 무엇인가요? (실행)

④ 기념일이나 현재 정해져 있는 약속, 일정은 무엇인가요? (실행)

⑤ 현재 처리하고 있는 일의 목록은 무엇인가요? (실행)

⑥ 현재 취미 및 공부하고 있는 주제는 무엇인가요? (관리, 기록)

⑦ 현재 추적하여 기록하고 있거나 앞으로 하고 싶은 분야는 무엇인가요? (관리, 기록)

⑧ 현재 하고 있는 일 중에 다른 사람과 나누어 관리하고 공유할 수 있는 일은 무엇인가요? (협업)

노선 저널 구성하기

답변 내용을 토대로 노선 저널을 구성해 보겠습니다. 이해를 돕기 위해 내용은 필자가 작성한 답변을 토대로 구성합니다. 답변 내용으로 노션 저널을 구성한 후 페이지를 만들어 갑니다. 각 페이지 제작은 '9장, 나만의 노션 저널 완성하기'에서 상세히 알아보겠습니다.

구성표 작성 시 참고할 사항은 다음과 같습니다.

- ⑥과 ⑦ 답변은 '노선 저널 구성표'의 '설명'을 참고하여 '기록' 섹션으로 나눌지, '관리' 섹션으로 나눌지 결정합니다.
- '회고'는 사전 질문지 답변과 관계없이 노선 저널에 포함되는 요소이므로 답변 내용은 작성하지 않아도 됩니다.

앞에서 살펴본 노선 저널 구성표를 참고하여 질문지 답변을 정리해 봅니다.

N otion Journal 사전 질문지 구성표 작성하기

분류	질문 번호	답변 내용	노선 저널 페이지
가치	①		
목표	②		
실행	③, ④, ⑤		
기록	⑥, ⑦		
관리	⑥, ⑦		
회고	-		
협업	⑦, ⑧		

필자가 작성한 사전 질문지 답변 내용을 예시로 설명하겠습니다.

Ⓝotion Journal 사전 질문지 답변 예시

① **당신이 가장 중요하게 생각하는 가치관은 무엇인가요? (가치)**

아무렇지 않아 보이는 일상의 힘을 믿자. Memento mori

② **현재 목표는 무엇인가요? (목표)**

출간하기, youtube하기

③ **매일 하고 있는 루틴은 무엇인가요? (실행)**

아침 : 가방 챙겨주기, 쌀씻기, 영양제, 부모님 연락/저녁 : 화분 물주기, 숙제 봐주기

④ **기념일이나 현재 정해져 있는 약속, 일정은 무엇인가요? (실행)**

1월 여행, 양가 부모님 생신, 아이 방학, 세미나, 교육, 개인 약속

⑤ **현재 처리하고 있는 일의 목록은 무엇인가요? (실행)**

아버지 생신 선물 정하기, 집수리 연락, 토요일 모임 장소, 당근마켓 찾으러 가기, 학원 간식 넣기, 병원 예약

⑥ **현재 취미 및 공부하고 있는 주제는 무엇인가요? (관리, 기록)**

와인, 운동

⑦ **현재 추적하여 기록하고 있거나 앞으로 하고 싶은 분야는 무엇인가요? (관리, 기록)**

가계부, 카드 혜택 관리, 맛집, 여행, 요리, 아이 장난감 정리, 습관 관리

⑧ **현재 하고 있는 일 중에 다른 사람과 나누어 관리하고 공유할 수 있는 일은 무엇인가요? (협업)**

여행 계획, 캘린더 공유, 육아 일기

위 내용을 토대로 노션 저널 구성표를 다음과 같이 정리했고, 답변 예시에 따라 제작할 노션 저널 페이지도 정리해 두었습니다.

Ⓝotion Journal 사전 질문지 구성표 작성 예시

분류	설명	답변 예시	노션 저널 페이지 예시
가치	가치 세우기 : 자신이 중요하게 여기는 가치관이 무엇인지 점검	메멘토 모리	'실행' 페이지 상단에 고정
목표	목표 설정하기 : 이루고자 하는 현재 목표 설정하기	출간하기, 유튜브하기	'목표' 페이지에 action plan 형태로 제작

실행	신경 끄고 이곳만 체크하기 : 가치, 설정한 목표에 따른 세부 action plan, 루틴, 일정, 할 일의 허브(hub)	오늘 할 일 목록 작성	Today is(모든 실행에 관련된 내용이 모아진 허브 역할을 하는 페이지), 와인 페이지
기록	흩어지는 순간 기록하기 : 기록해 나가고자 하는 내용	맛집 리스트, 여행 기록, 육아, 와인	맛집 리스트, 여행 기록, 육아 일기 페이지, 와인 페이지
관리	똑똑하고 효율적으로 관리하기 : 정보를 가공하여 효율적으로 관리할 수 있도록 함	레시피북, 가계부, 운동, 카드 혜택	레시피, 가계부 페이지, 운동 페이지, 카드 혜택 페이지
회고	나의 기록 돌아보기 : 자신이 해온 일들을 돌아보며 보상 및 성찰하고 목표나 실행 수정	-	다이어리 페이지
협업	함께 나누기 : 다른 멤버/게스트에게 일을 위임하거나 함께 실행	여행 계획, 가족 달력, 육아 일기	여행 계획 페이지, 가족 달력, 육아 일기

이제 사전 질문지 내용을 토대로 노션 저널 페이지가 어떻게 구성되는지 살펴보겠습니다.

1 Value : 가치 세우기

사전 질문지 ①에 적은 나의 가치관에 대한 답변 내용은 매일 확인하는 실행 페이지 상단에 기재해 둡니다. 자신의 가치관이나 매일 보면서 상기하고 싶은 내용을 매일 확인하고 있는 '실행' 페이지 상단에 기재해 두면 하루에도 여러 번 확인할 수 있습니다.

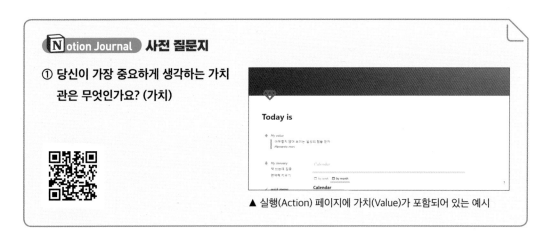

Notion Journal **사전 질문지**

① 당신이 가장 중요하게 생각하는 가치관은 무엇인가요? (가치)

▲ 실행(Action) 페이지에 가치(Value)가 포함되어 있는 예시

2 Goals : 목표 설정하기

사전 질문지 ②의 답변 내용을 토대로 작성합니다. 목표는 다음과 같으며, 여러 개가 될 수도 있습니다.

- 출간하기, youtube하기

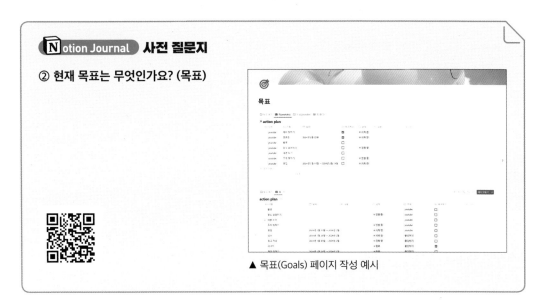

▲ 목표(Goals) 페이지 작성 예시

목표 페이지는 1장의 시간 관리 원칙에서 살펴본 바와 같이 세부 계획으로 나누고, 달성률을 한눈에 볼 수 있도록 수치화하여 표현하는 것이 목표 달성에 효율적입니다. 목표를 action 형태로 나눌 때는 다음과 같은 순서로 합니다.

1. 전체 기한 정하기
2. 목표를 세부 action으로 나누기
3. 세부 action을 기한으로부터 역산하여 action별 기간 산정하기

노션 저널에서 목표 페이지는 따로 만들어지지만 목표를 나누어 action 단위로 세분화한 내용은 '실행' 페이지에 둡니다. 실행 페이지에 둠으로써 목표를 적는 것뿐만 아니라 매일 보고 체크할 수 있도록 합니다. 비전보드나 만다라트와 같이 예쁘고 보기 좋게 목표를 표현할 수도 있지만 중요한 것은 'do'이기 때문에 목표를 적는 페이지는 내용 위주로 작성하도록 합니다.

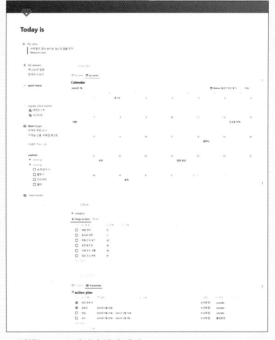

N otion Journal **사전 질문지**

③ 매일 하고 있는 루틴은 무엇인가요?
   (실행)
④ 기념일이나 현재 정해져 있는 약속,
   일정은 무엇인가요? (실행)
⑤ 현재 처리하고 있는 일의 목록은 무
   엇인가요? (실행)

▲ 실행(Action) 페이지 작성 예시

실행 페이지는 매일 보게 되는 페이지로, 사전 질문지 ①에 기재한 내용을 적고, 목표를 action plan으로 적은 내용을 관계형으로 연결하여 체크하는 페이지입니다. 노션 저널은 페이지별로 나누어져 있지만 실행에 필요한 내용들은 모두 이 페이지에 모아두고 이곳만 관리합니다. 이 부분이 정말 중요한 내용입니다. 앞서 생산성 도구를 한 가지만 사용하는 것이 효율적이라고 설명했듯이 노션이라는 도구 안에서도 이 페이지만 체크하면 되도록 하는 허브(hub) 역할을 하는 페이지를 따로 마련해 두는 것이 중요합니다. GTD 기법에서 '가공(process)' 및 '조직화(organize)'의 역할을 하는 허브 페이지가 바로 이 '실행' 페이지입니다.

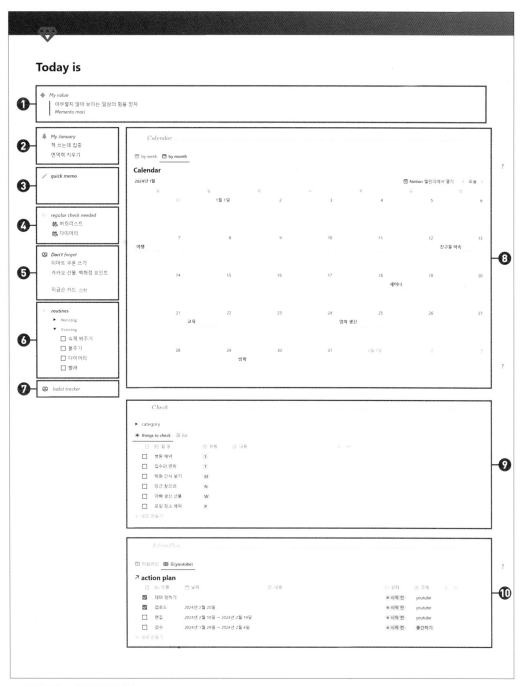

▲ 실행(Today is) 페이지의 구성

본격적으로 Today is(실행) 페이지를 해부해 보겠습니다.

❶ **My value** : 사전 질문지 ①에 기재했던 가치(Value)

❷ **My Month** : 이번 달에 집중하고자 하는 내용

❸ **quick memo** : 어느 페이지에 넣어야 할지 고민 없이 빠르게 적어야 하는 내용 또는 잠깐
적는 메모 형식. 예를 들어, 누군가가 알려주는 계좌번호 같은 내용

❹ **regular check needed** : 잊지 않고 체크해야 할 페이지. 필수적으로 챙겨야 할 페이지들은
별도로 적어 두지 않아도 필요에 의해 챙기게 되지만 Today is(실행) 페이지에 꺼내놓지
않으면 자꾸 잊게 되어 마련된 공간

   • 회고 모음 페이지

   • 다이어리

   • 버킷리스트

❺ **Don't forget** : 잊지 않고 챙겨야 할 내용들. 특히 쿠폰이나 카드 혜택이 있는데, 잊고 못쓰
는 경우가 많으므로 이곳에 기재

❻ **routines** : 사전 질문지 ③에 적은 내용을 시간대별로 기재

❼ **habit tracker** : 습관으로 들이고 싶은 일들을 기재

❽ **Calendar** : 사전 질문지 ④에 적은 내용을 일정에 맞게 캘린더에 기재

❾ **things to check** : 사전 질문지 ⑤에 적은 내용을 기재. task별로 유형을 분류하는 것이 중
요한데, 기준은 '읽어보기' 및 태그에 대한 내용 참고

things to check 섹션 작성 방법을 예시를 통해 자세히 설명하겠습니다. things to check
섹션에는 간단하게 처리해야 할 일의 목록을 추가하는데, 이때 일의 성격을 태그로 분류
하면서 추가합니다. 이렇게 일의 성격을 부여하면 어떤 일을 먼저 해야 할지, 어떤 일이
급한지, 어떤 일이 중요한지 매번 생각하지 않아도 되고 적합한 시간이 되었을 때 미리
분류해 두었던 대로 처리하면 되기 때문에 목록에서 이리저리 고민하지 않고 일을 깔끔
하게 처리할 수 있습니다.

분류는 상황에 맞게 자유롭게 정해둘 수 있습니다. things to check 섹션에 있는 목록들은
대부분 장기간 할 일이 아니라 단순히 처리해야 할 일의 목록입니다. 태그는 상황에 맞게
자유롭게 작성할 수 있습니다. 다음은 필자가 자주 사용하는 태그 내용입니다.

태그 명칭	의미	내용
1	1순위	급하므로 시간이 나면 가장 빨리 해야 할 일
T	Task	짬내서 10분 안에 할 수 있는 일
W	Weekend	주말에 할 일
P	Pending	나는 처리 완료했는데, 다른 사람이 처리할 일이 남아서 완료하지 못한 일
N	Night	오늘밤에 할 일
M	Morning	내일 아침에 할 일

필자가 답변한 사전 질문지 내용을 예시로 태그를 설정해 보겠습니다.

사전 질문지 ⑤ : 현재 처리하고 있는 일의 목록은 무엇인가요?

| 답변 |

- 아버지 생신 선물(W - 주말에 해야 할 일)
- 집수리 연락(1 - 가장 급하게 해야 할 일. 짬이 나면 이 일부터 완료)
- 토요일 모임 장소(P - 나는 정리했고 친구들에게 목록 넘김. 아직 완료되지 않았기 때문에 목록에서 삭제하지 않음)
- 당근마켓 찾으러 가기(N - 오늘밤에 잊지 않고 해야 할 일)
- 학원 간식 넣기(M - 내일 아침에 해야 할 일)
- 병원 예약(T - 짬이 나면 해야 할 일)

위와 같이 정리하고, 새로운 일이 생길 때마다 태그를 지정하여 등록해 둡니다. 시간이 나면 Today is 페이지를 체크하면서 현재 시간에 맞는 task를 처리합니다. 완료 후 '완료' 체크박스에 체크하고 노션의 기능에 따라 체크하면 자동으로 이 페이지에서 보이지 않게 설정해 둡니다. 자세한 기능 설정 방법은 6장의 노션 기능 설명에서 다룹니다.

❿ **action plan** : 사전 질문지 ②에 적은 내용을 세부 action으로 나누고, 나눈 내용 중 현재 할 일만 보여지게 설정. 사전 질문지 ⑥에 적은 내용도 세부 task로 나누어 할당량을 학습할 수 있도록 설정

things to check 섹션에 태그가 필요한 이유

things to check 섹션은 해야 할 일이 생겼을 때 적어 두는 목록으로, 대부분은 당장 처리할 수 없기 때문에 목록에 적어 두게 됩니다. (바로 처리할 수 있다면 적기 전에 처리하면 됩니다!) 그렇다면 목록에 태그를 표시해 두는 이유는 무엇일까요? 시간이 났을 때 어떤 일부터 먼저 처리해야 하는지 고민하지 않기 위함입니다. 태그를 통해 고민하고 선택하는 시간을 줄이기 위해 적어 두고 시스템화하는 것입니다. 목록은 행동 위주로 구체적으로 적도록 합니다. 어쩌다가 자투리 시간이 남으면 고민할 필요 없이 things to check 목록을 훑어보고 지금 처리하기 적당한 일을 선택하여 바로 처리할 수 있습니다.

action plan과 things to check 목록의 처리

action plan 목록과 things to check 목록은 하루 중에 처리할 수 있는 시간대가 다릅니다. 나에게 집중할 수 있는 시간은 개인 시간(고밀도)과 자투리(저밀도) 시간으로 나누어집니다. 고밀도에 해당하는 시간에는 30분 이상 집중이 필요한 action plan 목록의 일을 처리하고(독서나 공부), 자투리(저밀도) 시간에는 긴 호흡이 필요하지 않은 things to check 목록의 일을 처리합니다. '메이크 타임'에서는 이런 고밀도 시간을 60~90분 정도 집중할 수 있는 하이라이트 시간이라고 부르며, 하루에 한 가지만 하이라이트 전략을 사용하도록 권장합니다. action plan에 해당되는 일들이 하이라이트라고 할 수 있으며, 생각보다 일이 빨리 끝났다거나 더 일을 하고 싶더라도 멈추는 것이 좋습니다. action plan 섹션에 있는 일들은 여러 일을 하기보다 한 가지 일에 집중하고, 집중할 수 있는 시간대를 선택하도록 합니다.

시간을 범주화할 수 있는 내용을 이해하고, 그 시간에 집중해야 할 일, 그 시간에만 할 수 있는 일들을 이해하고 적재적소에 배치하면 좀 더 시간을 효율적으로 사용할 수 있습니다.

4 Record : 흩어지는 순간 기록하기

▲ 기록(Record) 페이지의 맛집 리스트, 여행 기록 작성 예시

사전 질문지에서 ⑥, ⑦의 답변 내용을 기록해 나가는 페이지입니다. 예시는 다음과 같습니다. 보통 경험을 기록하거나 취미 생활에 관한 내용을 기록해 두기도 합니다.

- 여행 기록
- 맛집 리스트
- 짐싸기 체크리스트

- 선물 리스트
- 독서 노트
- 그 외 학습 및 취미 생활에 대한 모든 기록

기록 페이지는 단순히 경험이나 정보를 기록하고 저장해 두는 페이지로, 주제의 성격별로 노션 페이지를 다양하게 꾸밀 수 있습니다. 기록에 해당하는 페이지는 와인 리스트를 정리해 두는 와인 로그와 짐싸기 체크리스트 예시를 통해 9장에서 작성해 보겠습니다.

5 Manage : 똑똑하게 효율적으로 관리하기

otion Journal **사전 질문지**

⑥ 현재 취미 및 공부하고 있는 주제는
무엇인가요? (관리, 기록)

⑦ 현재 추적하여 기록하고 있거나 앞
으로 하고 싶은 분야는 무엇인가요?
(관리, 기록)

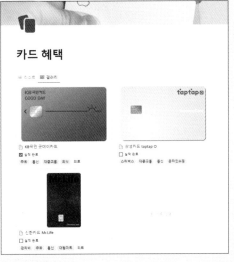

▲ 관리(Manage) 페이지의 장난감 지도, Study log, 카드 혜택 작성 예시

관리 페이지는 모아둔 정보를 여러 형태로 가공하여 보는 페이지로, 단순히 정보를 '기록'해 나가는 '기록 페이지'와 차이점이 있습니다. 예시는 다음과 같습니다.

- 가계부
- 습관 트래커
- 식단 관리&냉장고 관리 플래너
- 포트폴리오
- 장난감 지도(학습 관리와 연계)

- 대학 생활 플래너
- 카드 혜택
- 레시피북
- 이사(집 고르기)

관리에 해당하는 페이지는 카드 혜택, 냉장고 지도, 운동 페이지 예시를 통해 9장에서 작성해 보겠습니다.

6 Self-reflect : 나의 기록 돌아보기

성찰 또는 회고는 다이어리 페이지를 통해 매일 하기도 하고, 일주일 단위나 한 달, 분기로 하기도 합니다. 노션 저널의 경우 매월 초 지난 달에 했던 일을 돌아보도록 노션의 반복 기능을 넣어 관리하도록 세팅되어 있습니다.

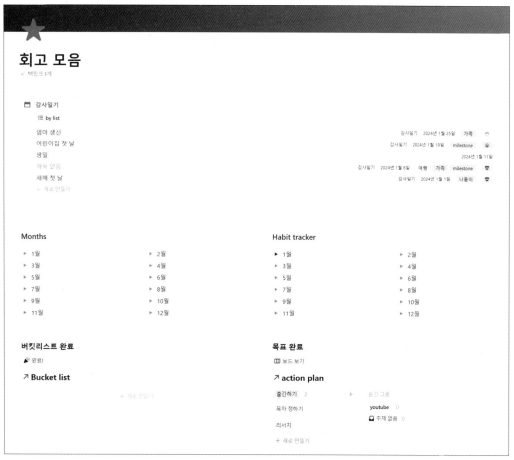

▲ 회고(Self-reflect) 페이지의 회고 모음 작성 예시

회고 페이지는 내가 얼마나 많은 일들을 못했는지 반성하기 위한 것이 아니라 월 단위로 얼마큼 많은 일을 해냈는지 체크하는 페이지입니다. 노션 저널에서의 회고는 반성에 초점을 맞추기보다 기록해 나간 내용들을 보면서 얼마나 많은 일을 했고, 어떤 일을 했으며, 어떤 경험들을 했는지 살펴보고 동력을 얻는 데 초점을 맞추어 작성합니다.

- 다이어리
- 회고 모음

7 Co-work : 함께 나누기

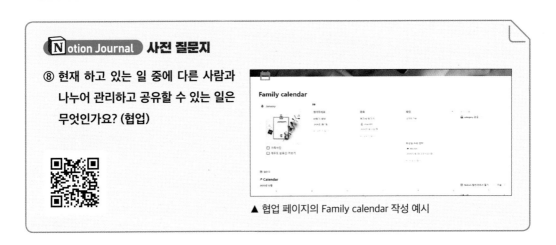

▲ 협업 페이지의 Family calendar 작성 예시

시간 관리에서 놓치기 쉽지만 정말 중요한 것은 내가 할 수 없는 일을 위임하는 것입니다. 친구나 가족 구성원과 함께하는 일도 노션 페이지를 통해 작업할 수 있습니다. 가장 보편적으로는 여행 계획을 짤 때 '게스트' 초대 기능으로 노션 페이지에 초대하여 함께 일정을 짜기도 합니다. 함께 있지 않아도 공유할 수도 있습니다. 예시는 다음과 같습니다.

- 여행 계획
- 육아 일기

- 가족 캘린더
- 가계부

여행 계획

/ **Hotel info.**
Hyatt Regency Waikiki Beach Resort & Spa
2424 Kalākaua Ave, Honolulu, HI 96815

/ **Airport info.**
오놀룰루 국제 공항 코드: *HNL*

🗓 타임라인 보기　⊞ 표 보기
여행 일정

일 24　　월 25　　화 26　　수 27　　목 28　　금 29　　토 30　　일 31

/ **Don't forget to check**
- ☐ 유치원/학원 연락
- ☐ 에어컨 끄고 나오기

/ **Related pages**
- 🛫 여행 기록
- 🧳 짐싸기 체크리...

⊞ 표
여행 예산

Aa 이름	⊙ 분류	# 예산	# 실제	🗓 날짜
비행기	항공	2,500,000	2,300,000	
호텔	숙박	3,000,000	2,800,000	
식비	식비	1,000,000		
		합계 6,500,000	합계 5,100,000	

⊞ 표
여행 맛집 리스트

☑ Aa 이름	☰ 태그	⊙ 순위	👥 사람	☰ 내용	🔗 URL
☐ Hy's Steak House	dinner	1	Min Kim	여긴 무조건 가기	maps.app.goo.gl/Pes...ghoiM6
☐ Poké Bar	morning	2	Jihye KIM		maps.app.goo.gl/Kw...WYC56t
☐					

⊞ 갤러리 보기
여행 관광지 리스트

📄 하와이 화산 국립공원
Hawai'i Volcanoes National Park
👤 Min Kim

📄 알라모아나
Ala Moana
👤 Jihye KIM

▲ 협업(Co-work) 페이지의 여행 계획 작성 예시

페이지 만들기

지금까지 노션 저널 작성 과정 중 사전 질문지 작성과 노션 저널 구성하기를 살펴보았습니다. 페이지 만들기 단계부터는 4~8장에서 노션 기능을 익힌 후 '9장 나만의 노션 저널 완성하기'에서 만들어 보겠습니다. 다음 구성표의 '노션 저널 페이지 예시' 중에서 선정하여 시연 영상 및 설명을 통해 만들어 볼 것입니다.

목표 페이지에서는 버킷리스트 페이지 및 여행 짐을 꾸릴 때 참고할 수 있는 짐싸기 체크리스트 페이지, 카드 혜택을 정리하고 관리할 수 있는 페이지를 함께 제작합니다. 협업 페이지에서는 가족 간에 일정을 공유하고 일을 위임 및 확인할 수 있는 Family calendar 페이지를 만들어 봅니다.

| 노션 저널 페이지 구성표 |

분류	설명	답변 예시	노션 저널 페이지 예시
가치	가치 세우기 : 자신이 중요하게 여기는 가치관이 무엇인지 점검	메멘토 모리	'실행' 페이지 상단에 고정
목표	목표 설정하기 : 이루고자 하는 현재 목표 설정하기	출간하기, 유튜브하기	'목표' 페이지에 action plan 형태로 제작
실행	신경 끄고 이곳만 체크하기 : 가치, 설정한 목표에 따른 세부 action plan, 루틴, 일정, 할 일의 허브(hub)	오늘 할 일 목록 작성	Today is(모든 실행에 관련된 내용이 모아진 허브 역할을 하는 페이지)
기록	흩어지는 순간 기록하기 : 기록해 나가고자 하는 내용	맛집 리스트, 여행 기록, 육아, 와인	맛집 리스트, 여행 기록, 육아 일기 페이지, 와인 페이지
관리	똑똑하고 효율적으로 관리하기 : 정보를 가공하여 효율적으로 관리할 수 있도록 함	레시피북, 가계부, 운동, 카드 혜택	레시피, 가계부 페이지, 운동 페이지, 카드 혜택 페이지
회고	나의 기록 돌아보기 : 자신이 해온 일들을 돌아보며 보상 및 성찰하고 목표나 실행 수정		다이어리 페이지
협업	함께 나누기 : 다른 멤버/게스트에게 일을 위임하거나 함께 실행	여행 계획, 가족 달력, 육아 일기	여행 계획 페이지, 가족 달력, 육아 일기

Dashboard 만들기

Dashboard는 노션 페이지를 한눈에 볼 수 있는 페이지로, 나만의 노션 저널의 목차, 길라잡이, 사이트맵과 같은 역할을 합니다. 다시 말해 따로따로 만들어 둔 노션 페이지를 한눈에 볼 수 있도록 하는 길라잡이 페이지입니다. 인터넷에서 여러 가지 형태의 멋진 노션 Dashboard를 찾아볼 수 있습니다. 하나씩 만든 페이지의 내비게이터 역할을 하는 대시보드를 작성하여 노션 저널을 한눈에 볼 수 있도록 하고 마무리합니다. Dashboard 또한 9장에서 작성해 보겠습니다.

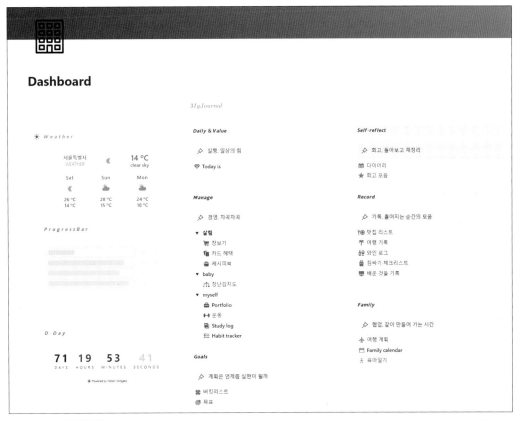

▲ Dashboard 작성 예시

시스템 유지하기

사전 질문지를 작성하고, 그에 따라 노션 저널 구성표를 만들고, 노션 기능을 익힌 후 페이지를 만든 다음 Dashboard로 사이트맵을 만들어 주면 노션 저널이 완성됩니다. 완성된 노션 저널을 사용하면서 나의 상황에 맞게 또는 사용하기 편하게 수정하고 유지합니다. 9장에서 나만의 노션 저널을 만들 때 각 페이지별로 어떻게 시스템을 유지하면 되는지 함께 정리해 두었으니 참고하길 바랍니다.

노션 저널에서는 페이지를 자유롭게 추가하고 삭제할 수 있으므로 기록, 관리, 회고, 협업 등 분류에 대해 고민하면서 관리해 보길 바랍니다. 노션 저널에 정답은 없습니다. 7가지 action만 잘 구성되어 있다면 가장 쉽고 오랫동안 유지될 수 있는 자신만의 온라인 기록장 노션 저널을 만들 수 있습니다.

04

CHAPTER

노션 시작하기

3장에서는 노션 저널의 구성과 작성 과정을 살펴보았고, 4장에서는 노션 회원 가입 방법과 노션 인터페이스에 대해 살펴보겠습니다. 회원 가입 후 PC, 모바일에서 다운로드 및 접속하여 어떤 위치에 어떤 기능들이 있는지 살펴보고 요금제에 대해서도 알아봅니다. 노션의 기능은 기능을 모두 먼저 익히고 난 후 사용하기보다 필요할 때마다 기능을 익혀서 사용하도록 합니다. 실제 사용하면서 학습하는 것이 훨씬 더 빠르고 효율적입니다.

노션 가입하고 기본 설정하기

1 노션 가입하기

PC에서 노션 웹사이트(www.notion.so)를 방문하여 데스크톱 앱을 설치하거나 웹 브라우저에서 바로 접속해 사용할 수 있습니다. 웹 브라우저에서 노션 사용 시에는 구글 크롬(Chrome) 브라우저 사용을 권장합니다. 노션 웹사이트(www.notion.so)에 접속하여 다음과 같이 [Notion 무료로 사용하기]를 클릭합니다.

▲ 노션 공식 홈페이지 홈 화면

노션 로그인은 구글 계정과 Apple 계정, 그 밖의 계정을 이용하는 방법으로 나눌 수 있습니다.

❶ **Google로 계속하기** : 현재 사용 중인 구글 gmail 계정의 이메일 주소 및 비밀번호를 이용하여 바로 로그인할 수 있습니다. 자주 사용하는 gmail 계정으로 로그인하면 이메일을 통해 알림을 받을 수도 있고, 노션 공식 기능 업데이트 알림이나 노션 팀 문의에 대한 답변, 임시 비밀번호 발급 등을 해당 계정으로 수신할 수 있습니다. 또한 로그인 시 비밀번호를 입력하지 않아도 됩니다.

❷ **Apple로 계속하기** : 애플 계정으로 로그인하는 방법입니다. [Apple로 계속하기]를 클릭하고 Apple ID와 비밀번호를 입력합니다. 확인 코드를 입력한 후 [나의 이메일 공유하기]를 선택한 다음 [계속]을 클릭합니다.

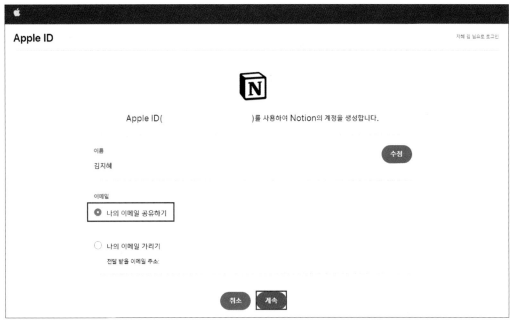

▲ Apple ID를 통해 로그인하는 화면

❸ **다른 이메일 계정 사용하기** : 다른 이메일 계정을 사용할 경우에는 임시 로그인 코드를 받아서 가입해야 합니다. 사용할 이메일 계정을 입력한 후 [이메일로 계속하기]를 클릭합니다. 받은 이메일에 수신된 로그인 코드를 입력한 후 [로그인 코드로 계속하기]를 클릭

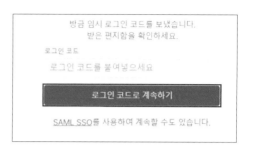

합니다. 비밀번호 입력란에 이메일 비밀번호를 입력하고 [비밀번호로 계속하기]를 클릭하면 노션 계정 생성이 완료됩니다.

2 데스크톱/모바일 앱 다운로드하기

데스크톱/모바일 앱은 노션 공식 홈페이지에서 다운로드할 수 있습니다.

❶ **iOS & Android** : 모바일에서 노션 웹사이트에 접속한 후 모바일용 앱을 사용 환경에 맞게 선택하고 설치합니다. 앱스토어 또는 구글 플레이 스토어에서도 노션을 검색한 후 다운로드할 수 있습니다.

▲ 모바일에서 '노션'을 검색하여 애플리케이션 다운로드

❷ Mac & Windows : 사용하고 있는 운영체제에 따라 데스크톱 앱을 설치합니다. 설치되고 있다는 알림창이 나온 후에는 바로 로그인할 수 있는 화면이 나옵니다.

▲ PC 버전 애플리케이션 다운로드 완료 화면

노션 로그인 이메일 계정은 추후 변경 가능합니다. 왼쪽 사이드 바에서 [설정과 멤버] → [이메일 변경]을 클릭합니다. 현재 이메일 계정으로 받은 인증 코드를 입력하고 [계속]을 클릭합니다. 새로운 이메일 주소를 입력하고 인증 코드를 받은 후 해당 코드를 복사&붙여넣기하면 로그인 이메일을 변경할 수 있습니다.

4 프로필 설정하기

계정 생성 및 로그인하면 바로 프로필 설정 화면이 나타납니다. '프로필 설정'에서 이름과 로그인할 때 사용할 비밀번호를 입력한 후 [계속]을 클릭합니다.

▲ 프로필 설정 화면

개인용으로 사용하면 바로 노션의
첫 화면이 나타납니다. 기업용으
로 생성하는 계정이 아닐 경우에
는 개인용으로 시작하는 것을 추
천합니다. 개인용으로 시작하더라
도 언제든지 팀과 사용하는 용도
로 변경할 수 있습니다.

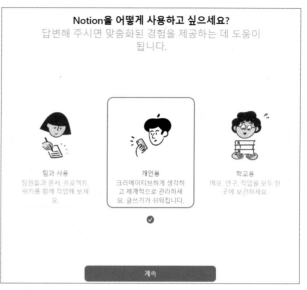

▲ 노션 사용 용도 선택

5 워크스페이스 설정하기

팀용으로 계정을 설정하면 팀 워크스페이스
를 생성하는 화면이 나타납니다. 필요 시 로고
를 추가할 수도 있습니다. [워크스페이스 이
름]을 입력한 후 [계속]을 클릭하면 멤버를 초
대할 수 있는 페이지가 나오는데, 추가된 멤
버가 [공유 링크 복사하기]를 통해 전달받은
URL을 클릭하면 자동으로 해당 멤버의 노션
에 워크스페이스가 등록됩니다. 초대할 멤버
의 이메일 주소를 입력하여 워크스페이스 초
대장을 전송할 수도 있습니다. 추후에도 멤버
추가 및 삭제는 언제든 가능합니다. 완료 후
[Notion에 접속하기]를 클릭하면 노션의 첫 화
면이 나타납니다.

▲ 직무, 역할, 규모, 노션 사용 용도 등 입력

시작하기

빠른 시작을 위한 템플릿입니다.
바로 사용하거나 업무 스타일에 맞게 커스텀하세요.

확인   템플릿 지우기

N   notion의 N... ∨
🔍 검색
✉ 수신함
⚙ 설정과 멤버

📄 시작하기
📌 빠른 메모
🏠 개인 홈
✓ 작업 목록
📕 일기
📘 독서 리스트
➕ 페이지 추가

📅 캘린더
📑 템플릿
🗑 휴지통

작하기

on에 오신 것을 환영합니다!

아래에서 기본 내용을 확인해 주세요.

☐ 아무 곳이나 클릭하고 입력을 시작하면 됩니다
☐ / 를 누르면 추가할 수 있는 모든 유형의 콘텐
   자유롭게 추가해 보세요.
☐ 텍스트를 드래그하면 나타나는 메뉴를 사용하
   지정해 보세요.
☐ 이 체크박스 목록 왼쪽에 마우스 커서를 가져
   상태로 드래그하면 항목을 다른 곳으로 옮길
☐ 사이드바 상단의 **+ 새 페이지**를 클릭하여 새
☐ 사이드바에서 **캘린더**를 클릭해 일과 생활을
   캘린더의 모든 이벤트와 통합, 동기화됩니다.
☐ 이 목록 전체를 드래그해서 선택하고 AI에게

▲ 노션 첫 진입 화면

노션 사이드 바 살펴보기

1 사이드 바 살펴보기

왼쪽 파란색 영역은 사이드 바, 오른쪽 녹색 영역은 편집기 영역이라고 합니다. 사이드 바는 [》]와 [《] 버튼을 통해 열고 닫을 수 있습니다. 단축키 [Command]/[Ctrl]+[＼]를 이용할 수도 있습니다.

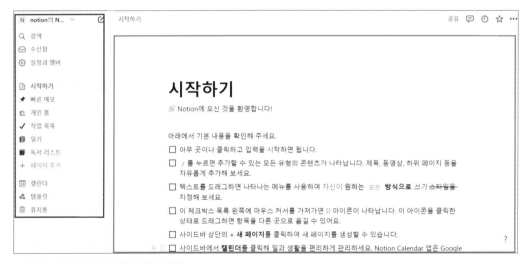

▲ 왼쪽은 사이드 바, 오른쪽은 편집기 영역

우선 사이드 바의 구성을 간단히 살펴본 후 메뉴별로 자세히 설명을 이어 가겠습니다.

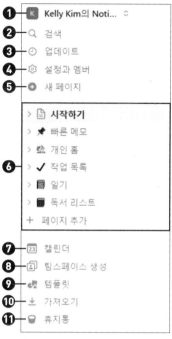

▲ 노션 사이드 바 구성

❶ **워크스페이스 영역** : 클릭하면 자신이 생성한 다른 워크스페이스로 이동할 수 있고, 새로 워크스페이스를 생성하거나 삭제할 수 있습니다. 계정을 로그아웃할 때도 이 영역을 클릭하여 실행합니다. 한 개의 이메일 계정으로 여러 개의 워크스페이스를 생성할 수 있고, 자신이 게스트로 참여하고 있는 워크스페이스도 확인할 수 있습니다.

❷ **검색** : 키워드로 다양한 필터를 통해 페이지, 데이터베이스, 내용을 검색할 수 있습니다. 단축키 Command/Ctrl+P를 눌러도 검색 메뉴가 나타납니다.

▲ 워크스페이스 확인 및 이동

❸ **업데이트** : 워크스페이스의 모든 멘션, 댓글, 답글이 표시됩니다.

❹ **설정과 멤버** : 제어판의 기능을 하며, 계정 프로필 정보, 요금제, 설정을 변경할 수 있습니다. 71페이지의 '설정과 멤버 기능 살펴보기'에서 자세히 알아보겠습니다.

❺ **새 페이지** : 새 페이지를 생성합니다.

❻ **생성된 페이지 목록** : 생성된 페이지 목록이 보이는 섹션으로, 계정 세팅이 완료된 후 목록과 페이지를 추가하고 공유할 경우 목록 섹션이 달라집니다. 왼쪽 파란색 영역은 계정 세팅이 완료된 후의 페이지 목록이고, 오른쪽 녹색 영역은 즐겨찾기 페이지와 팀스페이스가 추가된 형태의 페이지 목록입니다.

◀ 왼쪽은 노션 첫 세팅 시의 사이드 바, 오른쪽은 즐겨찾기, 팀스페이스를 갖춘 사이드 바

❼ **캘린더** : 캘린더는 2024년 1월에 출시된 새로운 기능입니다. 현재 Notion 캘린더는 Google 캘린더 계정과 통합, 동기화되어 있으며, 일정을 한눈에 보고 관리할 수 있습니다.

❽ **팀스페이스 생성** : 개인 무료 요금제, 개인 플러스 요금제에서는 멤버가 1명이라서 팀스페이스 기능이 지원되지 않습니다. 개인 무료 요금제에서는 체험판으로 1,000개 블록을 사용할 수 있습니다.

❾ **템플릿** : 노션 공식 홈페이지에서 제공하고 있습니다.

❿ **가져오기** : 다른 앱인 Evernote, Word, Google Docs, Trello, Asana, Dropbox 등의 콘텐츠를 간편하게 노션으로 가져올 수 있습니다.

⓫ **휴지통** : 삭제한 데이터가 모이는 곳으로, 여기서 다시 삭제하면 영구 삭제됩니다.

2 사이드 바 검색 기능 알아보기

앞서 살펴보았던 검색 기능을 자세히 알아보겠습니다. [검색]을 클릭하거나 단축키 Command /Ctrl+P를 눌러서 실행할 수 있습니다. 검색창이 열리면 가장 최근에 편집한 페이지 순으로 나열되어 나타납니다. 페이지 제목이나 텍스트 블록으로 검색하며, 이미지나 동영상 같은 미디어 블록이나 파일 이름은 검색되지 않습니다. 필터링을 통해 더 세밀하게 검색할 수 있습니다.

▲ 검색창에서 다양한 옵션으로 페이지 검색

❶ 검색 : 페이지 제목 영역에서만 검색

❷ 생성자 : 페이지를 생성한 사용자 영역에서 검색

❸ 팀스페이스 : 팀스페이스 기준으로 검색

❹ 검색 범위 : 검색 범위를 지정하여 해당 영역 내에서 검색

❺ 날짜 : 날짜 기준으로 검색. [생성일], [최종 편집]을 선택하여 작성된 내용 검색

필터링은 중복 적용하여 검색할 수 있습니다. 검색은 현재의 '워크스페이스' 전체에서 찾을 때 사용하고, 특정 페이지 내에서 단축키 Command/Ctrl+F를 누르면 페이지 내에서 검색 가능합니다. 이때 임베드 블록으로 삽입한 웹페이지, OCR 기능이 켜져 있는 PDF 파일 내의 텍스트도 함께 검색할 수 있습니다.

3 사이드 바 업데이트 기능 살펴보기

현재 워크스페이스에서 변경된 내용이 있을 때 [업데이트]가 굵게 처리됩니다. 클릭하면 다음과 같이 업데이트된 내용을 확인할 수 있습니다. 확인하지 않은 업데이트 내용은 하늘색으로 별도로 표시됩니다.

'부가세 챙기기' 왼쪽에 하늘색 점으로 표시되고, [업데이트] 항목에도 붉은 네모 상자 안에 1과 같이 알림이 온 것을 확인할 수 있습니다. 아래 목록 중 '리마인더 알림이 있을 경우'에 해당하여 알림이 온 것입니다.

▲ 업데이트 PC 화면(사이드 바 → 업데이트 진입 화면)

업데이트 내용이 하늘색으로 표시되는 경우는 다음과 같습니다.

- 데이터베이스 [사람] 속성으로 언급된 경우
- 리마인더 알림이 있을 경우
- 특정 페이지에 초대되었을 경우
- 생성한 페이지에 댓글이 달린 경우
- 팔로우하는 페이지에 업데이트 사항이 있을 경우
- 페이지에 멘션으로 언급된 경우

❶ 수신함 : 멘션(@)을 통해 언급된 경우 내용이 나타납니다.

❷ 보관함 : 보관함 알림을 볼 수 있습니다.

❸ 전체 : 모든 변경 사항을 볼 수 있습니다.

❹ 읽지 않은 알림만 표시

❺ 설정 : 설정과 멤버에서 내 알림으로 이동되며, 댓글, 멘션, 페이지 초대, 리마인더, 액세스 요청, 속성 변경이 있을 때 이메일을 받을 수 있도록 설정할 수 있습니다.

▲ 모바일에서 확인한 [업데이트] 화면

4 설정과 멤버 기능 살펴보기

제어판과 같은 기능을 하며, 직관적으로 적혀 있어 쉽게 사용할 수 있습니다. 이 중 자주 사용하는 기능을 소개하겠습니다.

[내 계정]

- 내 프로필 : 사진을 클릭하면 프로필 사진을 변경할 수 있습니다.
- 선호하는 이름 : 입력 후 [변경]을 클릭합니다.
- 이메일 변경 : 로그인하는 이메일 계정을 변경할 수 있습니다.
- 비밀번호 : 로그인할 때의 비밀번호를 설정할 수 있습니다.
- 2단계 인증 : 비밀번호를 설정하면 2단계 인증을 설정할 수 있습니다.
- 내 계정 삭제 : 로그인되어 있는 현재 계정을 삭제할 수 있습니다.

[내 설정]

- 테마 설정 가능
  - 시스템 설정 사용 : 현재 사용 중인 운영체제의 설정을 사용합니다.
  - 라이트 모드
  - 다크 모드
- 시작 페이지 : Notion 시작할 때 어떤 페이지를 첫 화면으로 보여줄지 선택합니다. 마지막으로 편집한 페이지를 보여줄지, 마지막 방문 페이지의 가장 상위 페이지를 보여줄지 선택할 수 있습니다.

[내 알림]

- 모바일 푸시 알림 : 노션 모바일 앱에서 푸시 알림을 받도록 설정할 수 있습니다.
- 이메일 알림 중 내 워크스페이스의 활동 : 댓글, 멘션, 페이지 초대, 리마인더, 액세스 요청, 속성 변경이 있을 때마다 활성 상태인 경우에도 앱에서 이메일을 받을 수 있습니다.

알림이 표시되지 않을 때는 알림 설정한 페이지가 열려 있을 가능성이 큽니다. 실시간으로 확인하고 있는 경우 [업데이트]에는 알림이 표시되지 않습니다. 이메일과 모바일 알림이 모두 활성화되어 있다면 이메일 알림은 표시되지 않습니다. [업데이트]에서 내용을 확인하지 않으면 5분 후 이메일 알림을 받게 됩니다(모바일 알림을 받지 않은 경우). 데스크톱 노션 앱을 사용하지 않고 있다면 10초 후 이메일 알림을 받게 됩니다. 멘션이나 리마인더 등으로 알림이 설정되어 있는 페이지를 보고 있는 경우 알림이 표시되지 않는 대신 업데이트에 배지가 나타나게 됩니다.

알림이 전송되는 경우는 다음과 같습니다.

- 리마인더를 설정한 경우
- 다른 사용자가 나를 멘션(@)하는 경우
- 내가 데이터베이스 [사람] 속성에 추가된 경우
- 내 댓글에 댓글이 달린 경우
- 내가 페이지의 모든 댓글에 대해 알림을 설정한 경우

[내 연결]

다양한 앱과 계정을 연결하여 관리할 수 있습니다. 현재 사용 중인 앱이 있다면 노션 계정과 연결하여 편리하게 사용할 수 있고, 많이 사용하는 구글 드라이브를 계정과 연결해 두면 노션 페이지에서 자료를 찾아서 업로드할 수 있습니다.

[언어와 지역]

언어를 변경할 수 있고, 한 주의 시작을 월요일 또는 일요일로 지정할 수 있습니다. 모바일에서 노션 앱 언어는 시스템의 기본 설정 언어에 따라 결정됩니다.

[설정]

❻ **멤버 목록 내보내기** 비즈니스 ↗

멤버 목록 CSV로 내보내기

ⓘ 멤버 내보내기에 대해 자세히 알아보세요.

❼ **애널리틱스**

페이지 조회 정보를 저장하고 표시하기
편집 허용 또는 전체 허용 권한을 가진 사용자는 페이지 조회수를 볼 수 있습니다. 해당 기능을 비활성화하면 Jihye의 모든 페이지에서 조회수 정보가 저장되지 않습니다.

ⓘ 워크스페이스 애널리틱스에 대해 알아보세요.

❽ **위험 구역**

워크스페이스 삭제

ⓘ 워크스페이스 삭제에 대해 자세히 알아보세요.

변경 취소

❶ **이름** : 워크스페이스의 이름을 지정할 수 있습니다. 노션 가입 시 작성했던 '이름's' 노션이라고 기본적으로 설정되어 있습니다.

❷ **아이콘** : 워크스페이스의 아이콘을 설정합니다.

❸ **도메인** : www.notion.so/AAA/BBB와 같이 도메인 주소에서 AAA에 해당하는 텍스트를 지정할 수 있습니다. 도메인 설정을 하지 않은 상태에서는 난수 형태로 표시됩니다. AAA라는 텍스트로 도메인을 지정한 후 웹에서 페이지를 공유하게 되면 AAA.notion.site/~로 시작하는 URL 경로를 갖게 됩니다. 사용자 본인과 해당 워크스페이스의 멤버만 이 경로로 접속이 가능하며, 주소가 있더라도 멤버가 아니면 접속할 수 없습니다. 웹에 공유되는 페이지는 모두 AAA.notion.site/~로 시작하는 URL 경로를 갖게 됩니다.

- **허용된 이메일 도메인** : 특정 도메인의 이메일 주소를 갖고 있다면 별도 조치 없이 자동으로 워크스페이스에 접근할 수 있습니다.

❹ **공개 홈페이지** : 개인 플러스 요금제 이상에서만 사용할 수 있는 기능이며, [웹에서 공유]를 통해 페이지를 공유했을 때 [도메인]에서 설정한 도메인을 주소창에 입력하면 해당 페이지로 이동할 수 있습니다. 노션 요금제는 뒤의 섹션에서 다룹니다.

❺ **콘텐츠 내보내기** : 노션의 모든 데이터는 클라우드에 저장되고, 분 단위로 서버에 백업됩니다. 별도로 노션에 있는 콘텐츠를 내보내고 싶다면 언제든 가능합니다. [워크스페이스의 모든 콘텐츠 내보내기]를 클릭하면 현재 워크스페이스의 모든 자료가 압축되어 가입한 이

메일 계정으로 발송되고 동시에 컴퓨터에 경로가 지정되어 저장됩니다. 내보내기 형식은 [Markdown & CSV] 또는 [HTML]을 선택합니다. [PDF]의 경우 기업 요금제를 사용 중이어야 이용할 수 있습니다. [설정과 멤버]를 클릭하고 사이드 바에서 [설정]을 선택합니다. [워크스페이스의 모든 콘텐츠 내보내기]를 클릭하면 계정 이메일로 수신할 수 있습니다.

❻ **멤버 목록 내보내기** : 비즈니스 요금제 이상만 사용 가능하며, 워크스페이스의 멤버 목록을 CSV 파일로 내보낼 수 있습니다.

❼ **애널리틱스** : 엔터프라이즈 요금제 이상만 사용 가능하며, 워크스페이스의 멤버들이 페이지를 어떻게 사용하고 있는지 데이터를 볼 수 있습니다.

❽ **위험 구역** : 워크스페이스를 삭제하는 기능으로, [워크스페이스 삭제]를 클릭하면 한 번 더 팝업창으로 삭제하는 것이 맞는지 확인하는 절차를 거쳐서 삭제됩니다.

[사람]

노션 워크스페이스에 멤버, 게스트, 그룹을 추가하거나 삭제하는 등 편집할 수 있는 영역입니다. 멤버의 노션 이메일을 입력하여 [멤버 추가]를 클릭하거나 [링크 복사]를 통해 링크를 전달한 후 워크스페이스에 접속하도록 할 수 있습니다.

- 멤버 : 워크스페이스에 초대된 멤버로서 별도 설정이 없으면 워크스페이스 내 모든 페이지에 접근할 수 있습니다.
- 게스트 : 권한을 부여받은 특정 페이지에만 접근할 수 있습니다.

- 멤버/게스트 초대하기 : 상대방의 노션 계정(이메일)을 입력하면 상대방의 프로필 정보가 노출됩니다. 클릭하면 '워크스페이스 추가' 메시지가 나타나는데, 이는 해당 페이지가 아닌 전체 워크스페이스에 추가하겠느냐는 의미로 추가 시 인당 요금이 부과됩니다. 게스트로 해당 페이지만 공동 작업할 예정이면 [건너뛰기]를 클릭하여 진행합니다.

[업그레이드]

요금제를 업그레이드하거나 AI 기능을 구매할 수 있습니다.

[사이트]

현재 워크스페이스에 있는 페이지 중에서 웹사이트 게시로 설정한 페이지를 한눈에 확인할 수 있습니다.

노션 편집기 살펴보기

편집기 영역의 오른쪽 상단 메뉴를 간단히 살펴보겠습니다. 화면의 오른쪽 상단에 있습니다.

❶ 언제 마지막으로 편집되었는지 확인할 수 있습니다.

❷ 공유 아이콘을 클릭하여 현재 페이지의 공유 권한 및 단계를 설정할 수 있습니다.

❸ 이 페이지에 달린 댓글을 모두 볼 수 있고, 해결된 댓글, 미해결된 댓글을 구분하여 볼 수 있습니다.

❹ 페이지 업데이트 기록을 볼 수 있습니다. 내용을 삭제하고 추가하는 모든 편집 기록을 확인할 수 있어서 유용합니다. 개인 무료 요금제는 7일, 플러스 요금제는 30일, 비즈니스 요금제는 90일까지 해당 기록이 저장됩니다. 엔터프라이즈 요금제는 기간에 관계없이 확인할 수 있습니다. 요금제에 대한 내용은 뒤에서 다룹니다.

❺ 페이지를 즐겨찾기 하고 왼쪽 사이드 바 '즐겨찾기' 섹션에 모아서 볼 수 있습니다.

❻ 특정 페이지의 서식 및 설정을 편집할 수 있습니다. 더 보기(…) 옵션은 5장에서 자세히 살펴보겠습니다.

현재 페이지가 멤버/게스트와 공유된 페이지인 경우 다음과 같이 [공유] 아이콘 왼쪽에 프로필 사진이 표시됩니다. 현재 이 페이지에 접속하고 있는 멤버가 있을 경우 프로필 사진 아이콘이 컬러로 전환됩니다. 아래 사진의 경우 'K' 사용자는 현재 이 페이지에 접속하고 있지 않은 상태입니다.

1일 전 편집 ⬤⬤ 공유

STEP 04·4

노션 요금제

1 노션 요금제 살펴보기

노션을 협업 도구로 사용할 경우에는 개인 플러스 요금제를 추천합니다. 개인 무료 요금제를 사용할 경우 초대할 수 있는 게스트가 최대 10명이고, 파일 업로드 가능 용량도 5MB 미만입니다. 처음에는 개인 무료 요금제로 노션의 기능을 익히다가 업그레이드하는 것을 추천합니다. 하지만 게스트를 초대할 일이 거의 없고, 용량이 큰 파일을 업로드할 일이 없다면 무료 요금제로도 충분합니다.

| 노션 요금제 |

분류	무료	개인 플러스	비즈니스	엔터프라이즈
요금	무료	매월 $10, 1년 단위 결제 시 매월 $8	멤버마다 매월 $18, 1년 단위 결제 시 매월 $15	별도 문의
블록	무제한	무제한	무제한	무제한
업로드 용량	5MB 이하	무제한	무제한	무제한
협업	게스트 10명까지 초대 가능 (권한 : 읽기, 댓글)	게스트 100명까지 초대 가능(권한 : 읽기, 댓글+편집)	게스트 250명까지 초대 가능, 팀스페이스 가능	게스트 500명까지 초대 가능
페이지 기록	페이지 기록 7일	페이지 기록 30일, 그룹 생성 후 멤버 추가 가능	페이지 기록 90일	페이지 기록 무제한
비고	게스트가 아닌 멤버를 초대하면 자동으로 개인 플러스 요금으로 업그레이드됨. 결제일 이전에 멤버를 내보내고 다운그레이드하면 됨	가장 많이 사용하는 요금제	워크스페이스 내용 전체 PDF 내보내기 가능, SAML SSO(통합 로그인) 기능 제공	강력한 보안 필요한 경우 사용, 감사 로그 기능 및 콘텐츠 검색 가능

사이드 바에서 [설정과 멤버] → [업그레이드]를 클릭한 후 원하는 유료 요금제에서 [업그레이드]를 클릭합니다. 연간, 월간 중 하나를 선택한 후 청구 및 결제 정보를 입력하고 [플러스 요금제로 업그레이드]를 클릭합니다. 완료되면 사이드 바의 [업그레이드] 메뉴 명이 [요금제]로 변경되면서 [청구] 메뉴가 생성됩니다. 무료 요금제를 사용하고 싶다면 '무료' [다운그레이드]를 클릭하면 됩니다. [청구] 메뉴에서는 결제 방법, 결제 단위(연/월), 결제 내역 등을 확인하고 변경할 수 있습니다.

2 플러스 요금 무료로 사용하기

학생이나 교사 등 교육 계열 사용자는 개인 플러스 요금을 무료로 사용할 수 있습니다. 이메일 도메인이 .ac.kr이거나 .edu일 경우 사용 가능합니다.

학교 이메일 계정으로 노션에 계정을 생성합니다. [설정과 멤버] → [업그레이드]를 클릭하고 화면을 내리면 '학생과 교직원' 섹션이 있습니다. [교육 요금제 사용하기]를 클릭합니다. '자격 확인 중' 팝업창이 떴다가 사라지면 비밀번호를 설정할 수 있는 창이 열립니다. 비밀번호를 설정하면 이 비밀번호로 노션을 사용할 수 있습니다. 해당 이메일 계정 자체의 비밀번호와 노션의 비밀번호를 다르게 설정할 수 있는데, 필요 없다면 빈 공간을 클릭하여 창을 닫습니다.

> ⊕ 업그레이드   모든 기능 비교 ↓
> ⬚ 사이트 New
> ⚲ 보안
> ⊘ 신원과 프로비저닝
> ⊞ 연결   **학생과 교직원**
> ↓ 가져오기   학생과 교직원은 플러스 요금제 기능(멤버 수 1인 제한 적용)을 무료로 이용할 수 있습니다! 학교 이메일 주소로 가입하거나 '내 계
>   정' 탭에서 기존 이메일을 변경하세요. 자세한 내용은 notion.com/students 페이지를 참고하세요.
>
>   교육 요금제 사용하기

'Notion 무료 교육 요금제에 가입되었습니다'라는 창이 뜨면 정상적으로 교육 요금제를 이용할 수 있습니다. 확인되지 않는다면 tcam@makenotion.com을 통해 문의할 수 있습니다. 이외에도 스타트업 인증으로 $1,000 크레딧을 받을 수 있으며, 자세한 내용은 www.notion.so/ko-kr/startups에서 확인해 보길 바랍니다.

다른 생산성 도구에서 데이터 가져오기

노션의 최대 장점 중 하나가 여러 형태의 데이터를 한곳에서 관리할 수 있다는 것입니다. 그만큼 노션은 다양한 도구에서 데이터들을 쉽게 가져올 수 있도록 만들어졌습니다. 사이드바의 [가져오기]를 클릭해도 되고, 새 페이지를 만든 후 본문에 세팅되어 있는 [가져오기]를 클릭해도 됩니다.

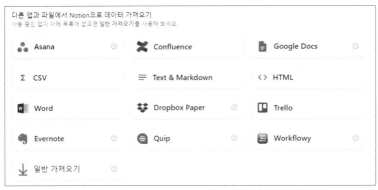

다른 앱과 파일에서 Notion으로 데이터 가져오기
사용 중인 앱이 아래 목록에 없으면 일반 가져오기를 사용해 보세요

Asana	Confluence	Google Docs
Σ CSV	Text & Markdown	<> HTML
Word	Dropbox Paper	Trello
Evernote	Quip	Workflowy
일반 가져오기		

▲ [가져오기] 옵션 종류

- **Evernote 가져오기** : 계정을 연동하여 데이터를 불러오거나 HTML 형태로 내보내서 가져올 수 있습니다. [데이터 가져오기]를 클릭하면 데이터베이스의 '리스트 보기' 형태로 정보가 입력되어 들어옵니다. 들어온 정보는 노션의 기본 기능을 익힌 후 사용자가 보기 편한 방법으로 손쉽게 가공하여 볼 수 있습니다.
  - 계정 통해 가져오기 : [Evernote]를 클릭한 후 로그인 창이 열리면 정보를 가져올 계정으로 로그인합니다. 계정에 접근을 요청하는 창이 열리면 액세스 기간을 입력한 후 [인증]을 클릭합니다. 연동이 완료된 후 [가져오기] 화면에서 [Evernote]를 다시 한 번 클릭하면 Evernote 계정에 있던 노트북 목록이 표시됩니다. Notion으로 가져올 노트북에 체크한 후 [가져오기]를 클릭합니다. 노트북별로 페이지가 생성된 것을 확인할 수 있고, 노트북에 포함되어 있던 노트는 각각 하위 페이지로 생성됩니다.

- **Google 문서 가져오기**
  - 개별파일 : 개별 파일을 가져오기 위해서는 Google 드라이브에서 가져올 문서를 연 후 [파일] → [다운로드] → [Microsoft Word(.docx)]를 선택한 다음 .docx 파일로 저장합니다. 'Notion 가져오기 화면'에서 [Google Docs]를 통해 가져올 수 있습니다.
  - 모든 Google 문서 : Google에서 제공하는 Google 테이크아웃 페이지(https://takeout.google.com/settings/takeout)에 접속한 후 [모두 선택 해제]를 클릭합니다. [드라이브]에 체크한 후 [여러 형식] 버튼을 클릭합니다.

    드라이브 옵션창이 나타나면 문서 항목이 [DOCX]로 설정된 것을 확인한 후 [확인]을 클릭합니다. [드라이브]에서 [모든 드라이브 데이터 포함됨]을 클릭한 후 [모든 Google 드라이브 파일 및 폴더]에 체크하고 [확인]을 클릭합니다. Google 테이크아웃 페이지의 맨 하단에서 [다음 단계] 버튼을 클릭한 후 다음 화면에서 전송 방법, 파일 형식, 보관 파일 크기를 선택하고 [내보내기 생성] 버튼을 클릭합니다. [다운로드] 버튼이 생성되면 다운로드 후 개별 파일 가져오기와 마찬가지로 'Notion 가져오기 화면'에서 [Google Docs] 버튼을 클릭한 다음 가져올 파일을 선택합니다.

05

N o t i o n J o u r n a l

CHAPTER

노션의 기본 구성
살펴보기

4장에서는 노션에 가입하는 방법과 인터페이스에 대해 살펴보았고, 5장에서는 노션을 구성하는 요소에 대해 살펴보겠습니다. 노션의 워크스페이스는 하나의 캐비닛에 비유할 수 있습니다. 캐비닛 안의 서류철, 서류철 안의 서류, 서류 안에는 내용이 있습니다. 노션의 구조와 어떻게 닮아있는지 살펴보고, 워크스페이스, 섹션, 페이지, 블록에 대해서도 자세히 알아보겠습니다.

워크스페이스

처음 계정을 생성하면 한 개의 워크스페이스가 만들어집니다. 워크스페이스는 섹션, 페이지, 블록으로 이루어져 있습니다. 아래 비유에 따르면 계정당 워크스페이스가 한 개라는 의미는 '차곡차곡'이라는 사람이 갖고 있는 캐비닛이 한 개라는 의미입니다. 이 한 개의 캐비닛 안에 여러 개의 섹션이 있고, 섹션 안에 페이지가 있고, 페이지는 블록으로 이루어져 있습니다. 캐비닛, 즉 워크스페이스는 여러 개 만들 수 있습니다.

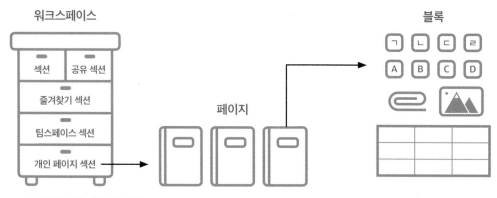

▲ 노션의 구조를 캐비닛에 비유

노션은 처음 계정을 생성할 때 만들어지는 워크스페이스 외에도 새로운 워크스페이스를 여러 개 생성할 수 있습니다. 처음 계정을 생성했을 때는 [그림 1]과 같이 한 개의 워크스페이스를 확인할 수 있는데, 추가하고 싶을 경우에는 [그림 2]와 같이 추가하여 워크스페이스를 여러 개 생성할 수 있습니다.

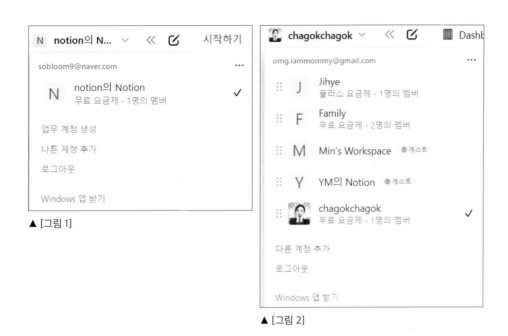

▲ [그림 1]

▲ [그림 2]

다만, 요금은 계정이 아니라 워크스페이스별로 부과됩니다. 예를 들어, 한 개의 계정에 워크스페이스가 3개인데 2개가 개인 플러스 요금제라면 계정이 한 개더라도 두 번의 개인 플러스 요금이 부과됩니다.

새로운 워크스페이스를 추가하려면 사이드 바 상단에서 현재의 워크스페이스를 클릭하고 [워크스페이스 생성 또는 참여] 버튼을 클릭하여 추가할 수 있습니다.

워크스페이스를 삭제하려면 삭제할 워크스페이스로 이동한 후 [설정과 멤버] → [설정]에서 [워크스페이스 삭제]를 클릭합니다. 워크스페이스를 삭제하면 모든 내용이 삭제됩니다.

STEP
05·2

섹션

왼쪽 사이드 바를 열어보면 섹션은 다음과 같은 순서로 구성되어 있습니다. 앞서 살펴보았던 사이드 바 형태를 다시 가져와 보겠습니다.

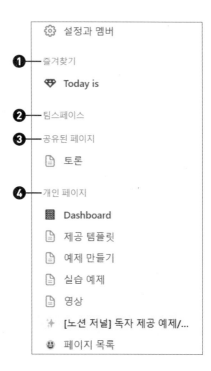

❶ **즐겨찾기** : 각 페이지별로 즐겨찾기 해둔 페이지가 있다면 이 섹션에서 확인할 수 있습니다. 즐겨찾기 해둔 페이지가 없을 경우 나타나지 않는 섹션이기 때문에 처음 계정을 생성할 때는 나타나지 않습니다.

❷ **팀스페이스** : 계정을 생성할 때 '개인용'이 아니라 '팀용'으로 생성했다면 팀스페이스라는 섹션이 표시됩니다. 계정 생성 시 '개인용'으로 했을 경우 나중에 멤버를 추가하면 '팀스페이스'가 생성됩니다.

❸ **공유된 페이지** : 현재 워크스페이스의 멤버가 아닌 임의의 다른 사용자, 즉 게스트에게 공유한 페이지나 공유받은 페이지는 이곳에 모입니다. 공유한 페이지가 있을 경우 이 섹션에 있습니다.

❹ **개인 페이지** : 생성되는 모든 페이지가 나타납니다. 즐겨찾기 섹션, 워크스페이스, 공유된 페이지가 없는 초기 상태라면 '개인 페이지'라고 별도로 표시되어 있지 않습니다.

STEP 05·3 페이지

로그인한 후 왼쪽 사이드 바의 오른쪽에 파란색 영역으로 표시된 캔버스 편집기에서 페이지를 작성합니다. 페이지는 캐비닛 안의 서류와 같은 개념이라고 할 수 있습니다. 섹션은 캐비닛의 서랍이 됩니다.

❶ **새 페이지** : 새 페이지를 만들려면 사이드 바에 있는 [새 페이지]를 클릭합니다. 만약 단축키 Command / Ctrl + N 을 눌러서 창이 작은 크기로 열린다면 왼쪽 상단에 있는 양쪽 화살표를 클릭하여 전체 보기로 할 수 있습니다.

❷ **하위 페이지** : 노션에서 페이지는 폴더 구조처럼 하위 페이지를 만들 수 있습니다. 하위 페이지는 사이드 바의 상위 페이지 제목 위에 마우스 커서를 갖다 대면 오른쪽에 나타나는 [+]를 클릭하면 됩니다. 이렇게 페이지를 추가하면 해당 페이지의 하위 페이지가 만들어집니다. 하위 폴더 안에 문서를 만드는 셈입니다.

1 페이지 편집하기

[커버 추가]

페이지의 제목 영역에 마우스 커서를 갖다 대면 [커버 추가]를 확인할 수 있습니다. 커버가 무작위로 세팅되며 오른쪽 그림과 같이 [커버 변경]을 클릭하여 원하는 유

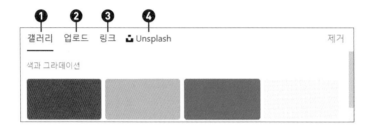

형으로 이미지를 검색합니다. 추가된 이미지는 [위치 변경]을 통해 노출 영역을 선택할 수 있습니다. 직접 제작할 경우 MS PowerPoint 등 다른 프로그램을 통해서도 가능한데, 가로 1,500픽셀 이상의 이미지로 제작한 후 업로드합니다. [제거]를 통해 커버를 삭제할 수도 있습니다. 페이지 커버의 종류는 다음과 같습니다.

❶ 갤러리 : Notion에서 기본적으로 제공하는 이미지
❷ 업로드 : 이미지 파일을 내 컴퓨터에서 선택하여 업로드
❸ 링크 : 웹 이미지 주소를 입력하여 이미지 삽입
❹ Unsplash : Unsplash 사이트에서 제공하는 이미지 삽입

[아이콘 추가]

아이콘은 왼쪽 사이드 바에서 페이지 제목 바로 왼쪽에 페이지 제목과 함께 보입니다.
이모지 또는 아이콘을 추가하여 보기 좋게 꾸미는 것도 하나의 재미 요소입니다.

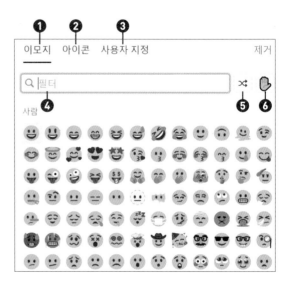

❶ 이모지 : 노선에서 기본적으로 제공 되는 것으로, 직접 찾아보거나 키워 드를 검색하여 찾을 수 있습니다. ⊡

키를 누른 후에 원하는 키워드를 입력하면 바로 찾을 수 있습니다. 위의 그림은 :사과라 고 입력한 화면입니다.

❷ 아이콘 : 노션에서 제공하는데, 클릭하면 색상을 선택할 수 있고 이모지와 마찬가지로 키 워드로 검색할 수 있습니다.

❸ 사용자 지정 : 이미지의 URL을 넣고 [제출]을 클릭하면 웹의 이미지를 사용할 수 있습니 다. [파일 업로드]를 통해 저장되어 있는 아이콘을 불러와서 사용할 수 있으며, 280×280 픽셀 이미지 사용을 권장합니다. [랜덤]을 선택하면 아이콘을 랜덤으로 사용할 수도 있습 니다. 아이콘은 [제거] 버튼을 통해 삭제합니다.

❹ 필터 : 한국어 또는 영어로 원하는 이모티콘을 검색할 수 있습니다.

❺ 랜덤 : 선택 장애가 있을 때 사용할 수 있습니다.

❻ 피부색 : 이모티콘의 피부색을 선택할 수 있습니다.

2 페이지 서식

4장에서 우측 상단의 아이콘에 대해 살펴보았습니 다. 페이지의 오른쪽 상단의 더 보기(…) 페이지 설 정 버튼을 사용하여 글씨체 스타일, 텍스트 크기를 변경할 수 있고, 페이지 내에서 텍스트의 여백을 변경할 수 있습니다.

노션에서 서체는 기본, 세리프, 모노의 3가지 옵션이 제공되고, 텍스트의 크 기는 작게, 크게만 가능합니다. 페이지 전체 스타일의 변경만 가능하며, 페이 지 내에서 특정 영역별로 변경하는 것 은 불가합니다. 그 밖에 페이지 내보내 기, 페이지 이전 편집 기록을 보거나 복원할 수 있는 기능이 포함되어 있습 니다.

블록

앞서 캐비닛에 해당하는 워크스페이스, 캐비닛의 서랍과 같은 역할을 하는 섹션, 섹션을 구성하는 파일, 즉 페이지에 대해 살펴보았습니다. 이번에는 페이지를 구성하는 블록에 대해 알아보겠습니다. 노션의 가장 기본 단위인 블록은 페이지 빈 공간에 마우스 커서를 갖다 대면 나타나는 '+' 버튼을 통해 입력하거나 '/'를 입력하면 나타나는 선택창에서 추가할 수 있습니다. 모바일에서는 툴 바에 있는 [+] 버튼을 클릭하면 블록 리스트가 하단에 나타납니다.

▶ 모바일에서 블록 추가하기

1 블록의 종류

블록은 기본 블록, 미디어 블록, 인라인 블록, 임베드 블록, 고급 블록 등으로 나눌 수 있습니다. 하나씩 자신의 노션 페이지에서 가볍게 입력해 보길 바랍니다.
모든 블록은 슬래시(/)를 입력한 후 블록 이름을 입력하면 바로 해당 블록을 추가할 수 있습니다. 예를 들어, '/페이지'라고 입력하면 바로 페이지를 추가할 수 있습니다.

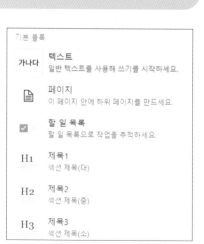

▶ 스크롤 다운하면서 블록의 종류를 확인하고 선택

[기본 블록]

- **텍스트(Text) 블록** : 가장 기본적인 블록으로, 페이지가 생성된 후 기본적으로 설정되는 블록입니다. 빈 편집기에 타이핑을 시작했다면 바로 텍스트 블록을 추가한 것입니다.

- **페이지(Page) 블록** : 페이지를 추가하는 블록으로, 추가하면 현재 페이지의 하위 페이지가 생성됩니다.

- **할 일 목록(To-do List) 블록** : 텍스트를 입력하면 앞에 네모 체크박스가 생성됩니다. 할 일을 관리할 때 반드시 필요한 블록으로, 자주 사용됩니다. 체크박스를 체크하면 취소선 처리가 됩니다.

- **제목(Heading) 1, 2, 3 블록** : 제목1, 제목2, 제목3으로 나누어져 있고, 목차를 만들 때 사용하는 블록입니다. 제목1이 가장 크고, 제목3이 가장 작습니다. 기본 텍스트 블록보다 모두 크기가 큽니다. 오른쪽 그림에서 '텍스트 블록'과 크기를 비교해 보세요.

- **표(Table) 블록** : 텍스트만 기입할 수 있는 간단한 블록으로, 데이터베이스 표에 비해 간단하게 쓰이며 나중에 추가된 블록입니다. 표 위에 마우스 커서를 갖다 대면 나타나는 '+' 버튼을 통해 행과 열을 추가할 수 있고, 반대 방향으로 드래그하면 행과 열을 삭

제할 수 있습니다. 생성한 표 블록은 필요할 때 언제든 데이터베이스 형태로 전환할 수 있습니다. 하나의 셀 영역에는 색을 지정할 수 없고, 행/열 단위로만 색을 지정할 수 있습니다.

- **글머리 기호 목록(Bulleted List) 블록** : 텍스트 앞에 • 기호가 나오면서 텍스트가 기호로 됩니다. Tab 을 눌러서 하위 목록으로 들여쓰기 할 수 있고, Shift + Tab 을 눌러서 상위 목록으로 내어쓰기 할 수 있습니다. 글머리 기호는 변경할 수 있습니다. 글머리 기호 블록을 선택한 후 블록 핸들(⠿) 아이콘을 클릭하여 [목록 형식]에서 4가지 형태 중 하나를 선택해 편집할 수 있습니다.

> - 글머리 기호 목록
>   - Tab 키로 하위 수준 설정
>   - Tab 키로 하위 수준2 설정
>   - 기호는 3가지

- **번호 매기기 목록(Numbered List) 블록** : 숫자 번호 매기기를 할 수 있는 블록입니다. 글머리 기호 목록과 마찬가지로 Tab 을 눌러서 하위 목록을 만들 수 있고, Shift + Tab 을 눌러서 상위 목록을 만들 수 있습니다. 글머리 기호 목록과 마찬가지로 블록 핸들을 통해 숫자 형식을 변경할 수 있습니다.

> 1. 번호 매기기 목록
>   a. Tab 키로 하위 수준 설정
>   i. Tab 키로 하위 수준2 설정
>   1. 숫자 형태률 3가지

- **토글 목록(Toggled List) 블록** : 하위 목록이 있고, 이 목록을 숨기거나 펼칠 수 있는 블록입니다. 하위 내용이 너무 길 경우 유용하게 쓰입니다. Tab 을 눌러서 들여쓰기 하거나 Shift + Tab 을 눌러서 내어쓰기 할 수 있습니다.

> ▶ 토글 목록((내용 없음: 화살표 회색)
> ▼ 토글 목록 열기
>   토글 목록을 열면 나오는 내용
> ▶ 토글 목록 닫기 (내용 있음: 화살표 검정색)

- **인용(Quote) 블록** : 텍스트를 입력하면 왼쪽에 두꺼운 bar 모양이 나타납니다. 글을 인용할 때도 사용하지만 내용을 강조하거나 구분할 때도 사용합니다. 인용 블록을 드래그하여 인용구 안에 넣는 형태로 사용할 수 있으며, '⠿(블록 핸들)' 메뉴를 통해 인용 블록의 크기를 조절할 수 있습니다(기본 및 크게의 두 가지 옵션).

> | 인용문 작성 (기본)
> | 인용문 작성(크게) 주황색 배경색 지정

- **구분선(Divider) 블록** : 얇은 가로선을 추가할 수 있는 블록입니다. 내용을 구분할 때 사용합니다.

> 위, 아래 구분선

- **페이지 링크(Linked to Page) 블록** : 다른 페이지로 이동할 수 있는 페이지 링크를 추가할 수 있는 블록입니다. 해당 링크를 클릭하게 되면 해당 페이지로 이동합니다. 페이지 링크를 통해 추가된 페이지는 원본 페이지와 구별될 수 있도록 우상향 화살표가 추가되어 있습니다.

> 📄 페이지 링크 예시
> 📄 페이지 링크 예시

- **콜아웃(Callout) 블록** : 아이콘과 배경색이 함께 세팅되는 텍스트 형태의 블록입니다. 아이콘 및 배경색을 각각 변경할 수 있습니다. 콜아웃 블록 내에 다른 블록을 드래그하면 다른 블록의 내용을 넣을 수 있습니다. 콜아웃 블록 사용에는 정답이 없습니다. 다른 노션 블록들도 마찬가지이지만 콜아웃 블록으로 페이지를 더욱 다채롭게 꾸밀 수 있습니다.

> ☞ 콜아웃 블록 배경색 회색으로 지정하고 손가락 모양으로 아이콘 변경

[미디어 블록]

미디어 블록에는 이미지, 북마크, 동영상, 오디오, 코드, 파일 블록이 있습니다. 그중 몇 가지만 살펴보겠습니다.

▲ 미디어 블록 구성

❶ **이미지 블록** : 업로드를 하거나 웹 주소를 입력하여 웹에 있는 이미지를 삽입할 수도 있고, Unsplash에서 저작권 염려 없는 이미지를 삽입할 수도 있습니다. 웹에 있는 이미지를 삽입하려면 해당 이미지 위에서 마우스 오른쪽 버튼을 클릭하고 [이미지 주소 복사]를 선택하여 웹 주소를 가져온 후 주소를 붙여넣기 합니다. 컴퓨터에 있는 이미지를 페이지로 드래그하여 추가할 수도 있으며, 동영상이나 오디오도 동일한 방법으로 추가할 수 있습니다.

❷ **북마크 블록** : 웹사이트 주소를 붙여넣기 해서 노션 페이지에 입력하면 자동으로 팝업이 나타납니다. 이때 [북마크 생성]을 클릭하면 북마크 블록이 생성됩니다. 먼저 북마크 블록을 추가한 후 웹 주소를 입력하는 방법도 있습니다. 웹사이트를 북마크할 경우 접속했을 때 웹 화면이 그대로 노출되며, 임베드가 안 되는 경우 팝업이 나타나 북마크 형태로 자동 변경되기도 합니다.

❸ **코드 블록** : 프로그래밍을 위한 블록입니다. [코드] 블록을 선택하면 프로그램 언어를 선택하여 사용할 수 있습니다. 이외에도 기본 텍스트와 조금 다른 서식으로 구분하거나 강조하고 싶을 때도 사용합니다. 다음 그림의 오른쪽 'Morning', 'Evening' 텍스트는 코드 블록으로 변경한 예시입니다. 코드 안의 텍스트 색상은 변경할 수 있습니다.

▲ 코드 블록 사용 예시

[인라인 블록]

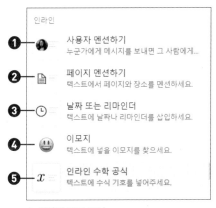

▲ 인라인 블록 구성

❶ **사용자 멘션하기** : 워크스페이스 멤버를 멘션합니다.

❷ **페이지 멘션하기** : 워크스페이스 내의 다른 페이지를 멘션합니다. [페이지 링크]와 결과는 동일하지만 페이지 멘션하기를 통해 페이지를 링크하면 링크된 페이지 제목 밑에 [1개의 백링크] 영역이 추가되는데, 클릭하면 링크가 삽입된 페이지로 이동합니다.

❸ **날짜 또는 리마인더** : 텍스트에 날짜 또는 날짜와 함께 리마인더를 설정하고 알림을 전송할 수 있습니다.

❹ **이모지** : 텍스트에 이모지를 넣을 수 있습니다.

❺ **인라인 수학 공식** : 텍스트에 수학 기호를 넣을 수 있습니다.

[임베드 블록]

임베드(Embed)의 사전적 의미는 '끼워 넣다'입니다. Notion 외의 다른 서비스를 끼워 넣는 기능이라고 할 수 있습니다. Notion에는 1,900개가 넘는 도메인의 콘텐츠를 임베드할 수 있고, 자주 사용되는 임베드 서비스는 임베드 블록에 담겨 있습니다. 임베드 블록에 없더라도 우선 링크를 가져와서 체크해 볼 수 있습니다. 참고로 [임베드] 형식을 [북마크] 형식으로 바꾸거나 [북마크] 형식을 [임베드] 형식으로 바꾸는 것이 불가능하기 때문에 속성을 바꾸려면 URL을 다시 붙여넣기 해야 합니다.

▲ 임베드 블록 구성

PDF를 예로 들면 업로드와 임베드 차이는 [그림 1]과 같습니다. 임베드는 파일 업로드의 형태와 달리 내용을 바로 확인할 수 있고, OCR 기능이 적용된 파일인 경우에는 단축키 Command / Ctrl + F 로 내용 검색도 가능합니다.

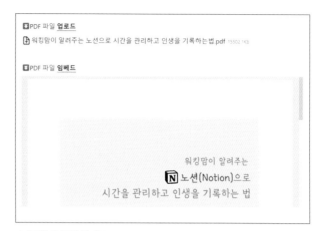

▲ [그림 1] 파일 임베드

Google 드라이브도 임베드 기능으로 자주 사용되며, 처음 노션과 계정을 연결해 두면 이후에는 매번 로그인할 필요 없이 자동으로 연결됩니다.

자주 사용하게 되는 임베드 블록에는 유튜브 영상 링크도 있습니다. 유튜브 링크를 복사하여 붙여넣기하면 [그림 1]과 같이 3가지 옵션이 나타나는데, [해제]를 클릭하면 링크 형태로 텍스트만 가져오게 됩니다. [북마크 생성]을 클릭하면 [그림 2]와 같이 링크 정보가 나오는 박스 형태로 북마크가 생성되고, [임베드 생성]을 클릭하면 [그림 3]과 같이 유튜브 영상이 노션 페이지에 임베드됩니다. 임베드는 파일을 업로드한 형태가 아니기 때문에 파일 용량이 5MB가 넘더라도 불러올 수 있습니다.

▲ [그림 2] youtube 북마크 처리 화면

▲ [그림 3] youtube 임베드 처리 화면

TIP

임베드가 안 되는 경우

임베드가 안 되는 경우에는 북마크 기능을 활용합니다. 영상이 임베드가 안 된다면 MP4 형태로 변환하여 임베드해 봅니다.

[고급 블록]

고급 블록에는 Notion을 스마트하게 사용할 수 있는 기능이 모아져 있습니다. 사용 방법도 쉽고 효율적입니다.

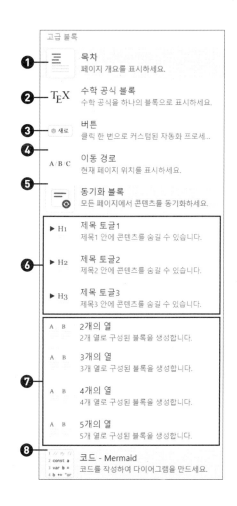

❶ **목차 블록** : 텍스트 블록에는 제목1, 제목2, 제목3 블록이 있습니다. 목차 블록을 생성하면 이 제목 블록들을 기준으로 제목 수준에 맞게 목차가 생성됩니다. 내용이 많은 페이지에 매우 유용하게 사용할 수 있는 블록으로, 한층 정돈된 페이지를 만들 수 있습니다.

❷ **수학 공식 블록** : 특정 연산자를 입력하면 수학 기호로 바꾸어서 보여주는 블록입니다.

❸ **버튼 블록** : 반복적으로 사용되는 형식을 저장해 두고 필요할 때마다 불러올 수 있는 블록입니다. 자신이 원하는 대로 블록을 구성할 수 있고 회의록이나 강의 노트 및 개인적으로도 유용하게 사용되는 기능입니다. 추가된 버튼에 마우스 커서를 갖다 대면 톱니바퀴 모양의 아이콘이 나타나는데, 여기서 버튼 내용을 편집할 수 있습니다.

TIP

버튼 블록 자세히 알아보기

버튼을 클릭하면 내용에 추가할 수 있는 기능이 아래와 같이 나열됩니다.

❶ 이모지를 선택할 수도 있고, 오른쪽의 '새 버튼'에 이 버튼의 이름을 지정할 수 있습니다.

❷ 버튼을 클릭했을 때 수행할 작업에 대한 내용을 입력합니다.

❸ 버튼을 클릭했을 때 나오는 블록 내용을 입력합니다.

❹ [완료]를 클릭하면 블록 버튼이 완성됩니다.

❷의 세부 옵션은 다음과 같습니다.

❶ **페이지 추가 위치** : 데이터베이스에 지정해 놓은 내용으로 새로운 행을 추가할 수 있습니다. 내용을 추가할 데이터베이스를 선택하고, 추가될 행의 어떤 속성에 어떤 내용을 입력할지 선택합니다. [완료] 버튼을 클릭하여 완성하면 버튼을 클릭할 때마다 데이터베이스에 새로운 행이 추가되고, ❸에서 설정한 내용이 자동으로 입력됩니다.

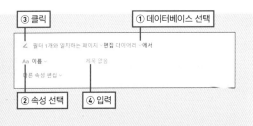

❷ **페이지 편집 위치** : 데이터베이스에 지정해
놓은 내용으로 속싱을 선택하여 내용을 편집
할 수 있습니다. ① 데이터베이스를 선택하
고 ② 편집할 속성을 선택한 후 ③ 필터를 지
정합니다(이때 필터를 지정하지 않을 수도
있습니다). ④ 편집할 내용을 입력하고 완료합니다.

❸ **확인 표시** : 버튼을 클릭했을 때 메시지가 팝업될 수 있도록 설정하고 메시지를 편집한 후 [계속] 또는 [취소] 버튼의 텍스트 명칭이나 [계속]에 해당하는 버튼을 눌렀을 때 다음 단계를 편집할 수도 있습니다.

❹ **페이지 열기** : 버튼을 클릭하면 특정 페이지를 열 수 있도록
설정할 수 있고, 페이지를 열 때 사이트 보기, 중앙에서 보기,
전체 페이지 보기 등을 선택할 수 있습니다.

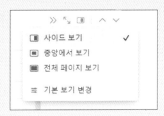

❹ **이동 경로 블록** : Breadcrumb, 즉 빵 부스러기라는 의미로『헨젤과 그레텔』의 주인공이 빵 부스러기를 보면서 집으로 돌아왔다는 내용에서 유래된 용어입니다. Notion 디렉토리가 복잡해지고 하위 페이지가 많아질 경우 현재 페이지가 어느 페이지의 하위에 있는지 알 수 있으며, 해당 상위 페이지를 클릭하면 바로 이동할 수 있습니다.

❺ **동기화 블록** : ❶ 동기화 블록을 선택하면 붉은색 박스가 나타납니다. 여기에 텍스트를 입력하고 ❷ [복사하고 동기화하기]를 클릭한 후 다른 페이지에 붙여 넣으면 페이지가 다르더라도 편집 내용이 동기화됩니다(같은 페이지 내에서도 동기화 가능). ❸ [사본 2개 편집 중]을 클릭하면 ❹ 동기화되어 있는 페이지들을 확인할 수 있습니다. ❺ […]를 통해 동기화를 해제할 수도 있습니다.

❻ **제목 토글 블록** : 제목 블록과 토글 블록이 합쳐진 형태로, 제목 블록 안에 토글 형식으로 내용을 숨길 수 있습니다. 제목 블록과 동일하게 목차를 만들 수 있는데, 목차에는 토글에 숨겨져 있는 내용은 드러나지 않고 제목만 나타나게 됩니다.

❼ 2~5개의 열 블록 : 페이지 내에서 단을 나누어 블록을 입력할 수 있도록 해줍니다.

❽ 코드 - Mermaid 블록 : mermaid 코드를 이용하여 다이어그램을 만들 수 있습니다. 클릭하면 자동 설정되어 있는 코드와 플로 차트가 나타나며, mermaid 코드를 편집하여 사용할 수 있습니다.

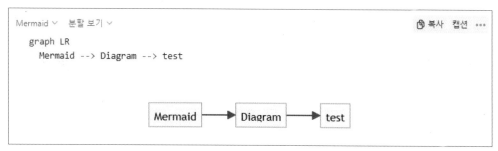

▲ [코드 - Mermaid] 블록 사용 예시

2 블록 편집하기

블록을 선택할 때 페이지 내에서 [Esc]를 누르면 키보드로 블록을 선택할 수 있습니다. 키보드의 화살표로 상하좌우 이동이 가능하며, [Shift]와 함께 화살표를 누르면 여러 블록 영역을 선택할 수 있습니다.

블록은 언제든지 다른 블록으로 변경할 수 있습니다. 단축키 [Command]/[Ctrl] + [/]를 통해 블록리스트에서 선택하면 다른 블록으로 변경됩니다.

변경하고자 하는 블록을 모두 드래그하여 선택한 후 [⋮⋮]
메뉴를 클릭한 다음 [전환]을 클릭합니다. 변경할 수 있는
블록들이 모두 표시되면 변경할 블록을 선택합니다. 아래
는 블록 핸들을 클릭하면 나오는 메뉴창입니다.

+ ⋮⋮ 블록에 대해 알아보자

❶ **AI에게 요청** : 해당 블록을 노션 AI 기능을 사용하여 편집할 수 있습니다. 별도 요금제 구입이 필요합니다.

❷ **삭제** : 블록을 선택하여 [삭제]하거나 [Delete]를 눌러서 삭제할 수 있습니다.

❸ **복제** : 복제할 블록을 선택한 후 클릭하면 바로 아래 위치에 현재 블록과 동일한 블록이 생성됩니다. 단축키는 [Command]/[Ctrl] + [D]입니다.

❹ **전환** : 현재 블록을 다른 블록으로 변경할 수 있습니다. 단축키는 `Command` / `Ctrl` + `/` 입니다.

❺ **하위 페이지로 전환** : 해당 블록을 하위 페이지로 전환할 수 있습니다.

❻ **블록 링크 복사** : 블록마다 고유의 링크가 있어서 클릭하면 URL이 자동 복사되고 하이퍼 링크를 통해 해당 블록으로 이동하도록 설정할 수 있습니다.

❼ **옮기기** : 해당 블록을 원하는 다른 페이지로 이동할 수 있습니다.

3 텍스트 스타일링

원하는 텍스트만 선택하여 스타일을 지정할 수 있습니다. 원하는 텍스트를 드래그하면 자동으로 팝업이 나오고 여기서 원하는 스타일을 선택할 수 있습니다. 텍스트 블록을 입력하고 하나씩 서식을 지정해 보길 바랍니다.

텍스트 블록 편집에 대해 알아보자

▲ 원하는 텍스트를 드래그하면 텍스트 스타일링 바(bar)가 나타남

❶ **AI에게 요청** : 해당 블록을 노션 AI 기능을 사용하여 편집할 수 있는 기능으로, 별도 요금제 구입 필요

❷ **텍스트** : 다른 블록으로 전환

❸ **링크** : 선택한 텍스트에 하이퍼링크 추가. 단축키는 `Command` / `Ctrl` + `K`

❹ **댓글** : 선택된 텍스트에 댓글 추가

❺ **굵게** : 선택한 텍스트를 굵게 처리. 단축키는 `Command` / `Ctrl` + `B`

❻ **기울임꼴** : 선택한 텍스트를 기울임 처리. 단축키는 `Command` / `Ctrl` + `I`

❼ **밑줄** : 선택한 텍스트에 밑줄 처리. 단축키는 `Command` / `Ctrl` + `U`

❽ **취소선** : 선택한 텍스트에 취소선 처리. 단축키는 `Command` / `Ctrl` + `Shift` + `S`

❾ **코드로 표시** : 선택한 텍스트를 코드로 처리(인라인 처리). 단축키는 `Command` / `Ctrl` + `E`

❿ **수학 공식 만들기** : 선택한 텍스트를 수학 공식 형태로 변경.
단축키는 `Command` / `Ctrl` + `Shift` + `E`

⓫ 텍스트에 색상이나 음영 처리. 단축키는 Command / Ctrl + /색이름. Command / Ctrl + Shift + H를 누르면 마지막으로 적용했던 색상이나 음영 적용

⓬ **멘션** : 날짜나 사람, 페이지 멘션

블록 핸들(: :)로 블록을 이동하면 페이지 내에서 어디로든 블록을 이동시킬 수 있습니다. 단 나누기는 9장에서 실습 시에 함께 살펴보겠습니다.

4 모바일 환경에서의 편집

모바일에서는 PC 편집에서 자주 사용되는 슬래시(/) 명령을 사용할 수 없지만 편집 툴 바로 콘텐츠를 작성하고 편집할 수 있습니다. 대대적인 편집은 PC에서 하고, 모바일에서는 간단한 텍스트만 편집하는 것이 좋습니다.

▲ 노션 페이지 작성 화면 예시

❶ 페이지 경로

❷ 페이지 공유

❸ 페이지 댓글

❹ 페이지 스타일링&세부 기능

❺ 페이지 제목 입력

❻ 페이지 내용 입력

❼ 페이지 목록(사이드 바)

❽ 검색

❾ 알림

❿ 새 페이지 추가

모바일 환경에서는 텍스트를 선택하여 편집을 시작합니다. 텍스트를 선택하면 다음과 같은 화면이 보입니다. 오른쪽으로 넘겨서 실행 취소, 멘션, 휴지통, 들여쓰기, 내어쓰기 기능을 사용합니다.

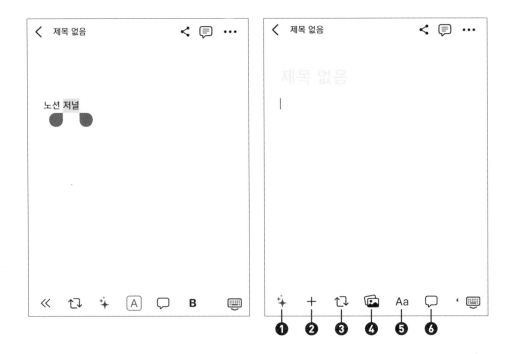

❶ AI 블록 이용

❷ 모든 블록 유형을 보고 선택

❸ 블록 전환

❹ 이미지 삽입

❺ 텍스트 블록 스타일링

❻ 댓글 추가

06

CHAPTER

노션 핵심 기능
익히기

5장에서는 노션을 구성하고 있는 인터페이스, 섹션, 페이지, 블록에 대해 살펴보았고, 6장에서는 노션의 꽃이라고 불리는 데이터베이스에 대해 살펴보겠습니다. 블록만 갖고도 노션을 활용할 수 있지만 데이터베이스를 사용하지 않으면 밋밋한 데이터의 나열에 불과합니다. 데이터에 어떤 데이터베이스를 활용하는 것이 효율적일지 고민해 보고, 그 데이터 성격에 맞는 데이터베이스를 만들어 봅니다.

데이터베이스란?

데이터베이스 블록은 노션의 꽃이라고 할 만큼 유용하게 사용할 수 있는 기능입니다. 블록이 시작이었다면 데이터베이스는 반드시 활용해야 하는 기능이고 손쉽게 편집도 가능합니다. 노션 저널을 구성하고 있는 페이지들은 블록으로만 이루어지지 않고 데이터베이스를 사용하여 만들었습니다. 말하자면 데이터베이스는 페이지들의 모음이고, 페이지들을 데이터의 성격에 맞게 시각화하고 구조화하는 방법입니다.

노션에는 다음 그림과 같이 표, 보드, 갤러리, 리스트, 캘린더, 타임라인 보기 데이터베이스가 있습니다.

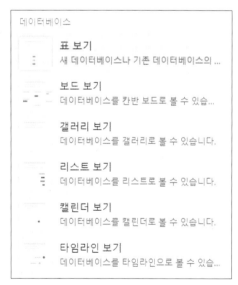

▲ 노션 데이터베이스의 종류

자료의 성격에 따라 적절한 데이터베이스를 선택하여 내용을 담고, 사용자가 편한 대로 여러 형태의 보기로 수정할 수 있습니다.

데이터베이스는 6가지 종류가 있으며, 인라인으로 작성할지, 데이터베이스로만 이루어진 페이지를 만들지에 따라 분류됩니다. 보통은 인라인으로 해서 데이터베이스의 위, 아래에 다른 블록을 넣어 사용합니다. 전체 페이지 데이터베이스를 넣게 되면 해당 데이터베이스 외에 다른 블록을 사용할 수 없습니다(기본 블록인 텍스트 블록도 사용 불가). 전체 페이지로 만들었던 데이터베이스는 인라인으로 변경 가능하며 반대의 경우도 가능합니다.

	데이터베이스를 캘린더로 볼 수 있습니다.
타임라인 보기	데이터베이스를 타임라인으로 볼 수 있습...
데이터베이스 - 인라인	이 페이지에 새로운 인라인 데이터베이스...
데이터베이스 - 전체 페이지	새 데이터베이스를 하위 페이지로 추가합...
링크된 데이터베이스 보기	기존 데이터베이스를 이 페이지에 추가합...

인라인에서 전체 페이지로 바꿀 경우에는 [::] 아이콘을 클릭한 후 [페이지로 전환]을 클릭합니다. 전체 페이지에서 인라인으로 바꿀 경우에는 인라인으로 바꾸려는 데이터베이스 페이지가 특정 페이지의 하위 페이지여야 합니다. 페이지 블록의 [::] 아이콘을 클릭한 후 [인라인으로 전환]을 클릭합니다.

[링크된 데이터베이스 보기]

링크된 데이터베이스 보기 블록은 다른 페이지에서 작성한 데이터베이스의 내용을 볼 수 있는 기능입니다. 이때 연결된 데이터베이스에서도 데이터를 편집할 수 있고 원본 데이터베이스와 보기 형태를 다르게 필터를 지정하거나 보기 형태를 추가할 수 있습니다. 이는 원본 데이터베이스에 영향을 주지 않습니다.

링크된 데이터베이스 보기는 노션에서 자주 쓰는 기능입니다. '링크된 데이터 1'과 같이 '카드 혜택'이라는 데이터베이스를 A 페이지에서 작성했다면 B 페이지에도 이 데이터베이스를 가져와서 동일한 내용을 볼 수 있고, B 페이지에 맞는 형태로 필터 및 정렬 기능을 사용하여 레이아웃을 편집해 사용할 수 있습니다. 이때 A 페이지에 있는 원본 데이터베이스의 레이아웃에는 전혀 영향을 주지 않으며, B 페이지에서 입력한 내용은 A 페이지에도 연동되어 동일하게 볼 수 있습니다.

[링크된 데이터베이스 보기]를 클릭하면 데이터베이스를 검색할 수 있는 창이 나타나는데, 여기에 찾으려는 데이터베이스 제목을 입력하고 불러옵니다. 해당 데이터베이스를 불러오면 링크된 데이터베이스의 제목 왼쪽에 우상향 화살표가 표시되어 원본과 구분됩니다.

▲ 링크된 데이터 1

'링크된 데이터 2'와 같이 추가된 데이터베이스 제목 왼쪽에는 링크된 데이터베이스라는 의미의 우상향 화살표가 표시됩니다. [필터], [정렬]을 통해 원하는 방식으로 데이터 보기 방식을 편집합니다. 여기서 필터 또는 정렬에 대한 편집을 하더라도 원본 데이터베이스 보기 형태에는 영향을 주지 않습니다.

▲ 링크된 데이터 2

이 기능도 노션을 이용할 때 자주 쓰이는 기능으로, '9장 노션 저널 완성하기'에서 실습을 통해 설명하고 함께 만들어 봅니다.

데이터베이스의 종류

데이터베이스의 종류에 대해 간단히 살펴보고, 구체적인 편집 방법은 '9장 노션 저널 완성하기'에서 실제 페이지를 작성하는 실습을 통해 자세히 살펴보겠습니다.

1 표 보기 데이터베이스

표 보기 데이터베이스는 가장 많이 사용되는 데이터베이스 형태로, 다른 데이터베이스 보기를 하더라도 데이터를 입력할 때 사용하기 편하고 가장 기본이 되는 데이터베이스입니다. 행 마지막에는 계산 기능이 있어서 간단한 계산을 바로 할 수 있습니다.

식단							
⊞ Default view　+							≡ ↑↓ Q ⋯ 새로 만들기 ∨
Aa 요리	≣ 종류	≣ 재료	≣ 시간	☑ 너무정했다	𝒪 url	⬗ 사진	+ ⋯
된장 양파 감자국	국	감자, 양파	15분	☑			
겨자 드레싱 콩나물냉채	반찬	콩나물, 오이, 게맛살	10분	☑			
닭가슴살 마늘 장조림	반찬	닭가슴살, 마늘	20분	☑			
김치홀	메인	묵은 김치, 다진 소고기	10분	☑			
닭가슴살 고구마조림		닭가슴살, 고구마, 당근, 고추장,		☑			
건새우미역국	국	미역, 건새우	10분	☐			
닭국	국	감자, 닭도리	15분　사전준비	☐			
미역미소국	국	미역, 미소된장	10분	☐			
콩나물국	국	콩나물	15분	☐			
된장찌개	찌개	두부, 애호박, 팽이버섯	15분	☐			
+ 새로 만들기							
	개수 10						

▲ 표 보기 데이터베이스로 만든 페이지 예시

[새로 만들기]를 클릭하면 새로운 행이 추가됩니다. 한 행은 곧 하나의 페이지를 의미합니다. 따라서 행을 다른 여백으로 드래그하여 빼내면 하나의 별도 페이지가 생성됩니다. 그리고 페이지로 빼냈던 페이지를 다시 표 보기 데이터베이스 행 안으로 집어넣으면 이전에 입력했던 속성 값까지 다시 불러와서 행으로 입력됩니다.

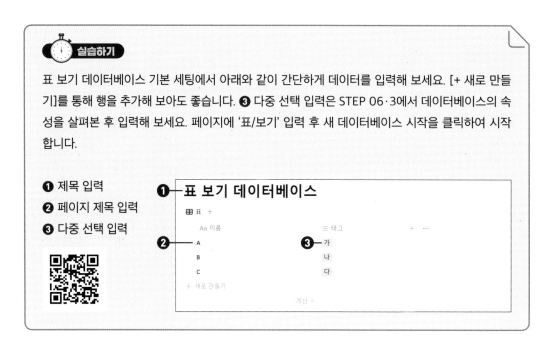

실습하기

표 보기 데이터베이스 기본 세팅에서 아래와 같이 간단하게 데이터를 입력해 보세요. [+ 새로 만들기]를 통해 행을 추가해 보아도 좋습니다. ❸ 다중 선택 입력은 STEP 06·3에서 데이터베이스의 속성을 살펴본 후 입력해 보세요. 페이지에 '표/보기' 입력 후 새 데이터베이스 시작을 클릭하여 시작합니다.

❶ 제목 입력
❷ 페이지 제목 입력
❸ 다중 선택 입력

2 보드 보기 데이터베이스

보드 보기 데이터베이스는 칸반 보드라고 일컫는 형태로, [선택] 속성 또는 [다중 선택] 속성을 기준으로 그룹화하여 프로젝트를 한눈에 보고 관리하는 데 유용하게 사용할 수 있습니다. 칸반은 시각적 신호를 나타내는 일본어로서 하나의 작업을 칸반으로 업무 자체를 시각화하여 업무를 규정하고 흐름을 나타내는 데 유용하게 사용하는 업무 처리 방식 중 하나입니다. 표 보기 데이터베이스에서 한 행이 하나의 페이지였듯이 보드 보기 데이터베이스에서는 카드 하나가 곧 하나의 페이지입니다.

▲ 보드 보기 데이터베이스로 만든 페이지 예시

3 리스트 보기 데이터베이스

리스트 보기 데이터베이스는 페이지의 제목 중심으로 나열되는 데이터베이스 형태로, 페이지의 내용이나 속성을 바로 보기보다 제목 중심으로 정리할 때 유용합니다. 보통 기사 스크랩이나 회의록, 메모 및 노트를 정리할 때 사용합니다. 제목에 마우스 커서를 갖다 대면 [편집] 아이콘이 보이면서 페이지를 클릭하지 않아도 제목을 바로 편집할 수 있습니다.

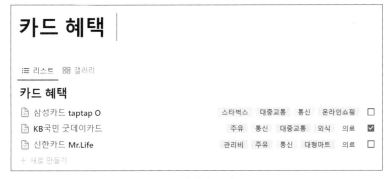

▲ 리스트 보기 데이터베이스로 만든 페이지 예시

리스트 보기 데이터베이스 기본 세팅에서 아래와 같이 데이터를 입력해 보세요. [+ 새로 만들기]를 통해 행을 추가해 보아도 좋습니다. ❸ 다중 선택 입력은 STEP 06·3에서 데이터베이스의 속성을 살펴본 후 입력해 보세요. 페이지에 '/리스트 보기' 입력 후 새 데이터베이스 시작을 클릭하여 시작합니다.

❶ 제목 입력
❷ 페이지 제목 입력
❸ 다중 선택 입력

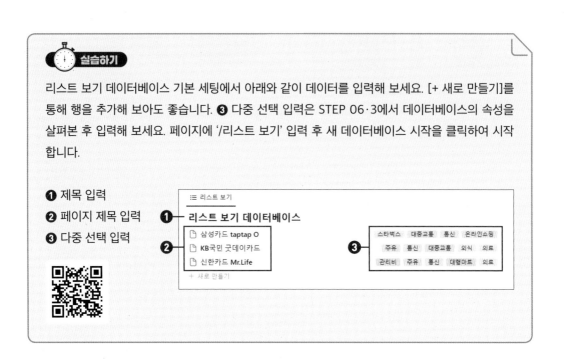

4 캘린더 보기 데이터베이스

캘린더 보기 데이터베이스는 날짜 기준으로 보아야 하는 정보일 때 효과적으로 관리할 수 있습니다. 캘린더 보기 데이터베이스는 모바일일 경우 내용이 있으면 오른쪽 그림과 같이 점 형태로 표시됩니다. 다이어리를 쓸 때, 일정을 관리할 때 필수적으로 사용되며 노션 저널에서도 다이어리, 일정 관리 페이지에 사용했습니다. 다른 형태의 데이터베이스와 연동하여 많이 사용합니다. 2024년 1월에 출시된 노션 캘린더 앱을 연동하여 사용할 수도 있습니다.

▲ 캘린더 보기 데이터베이스로 만든 페이지 예시   ▲ 모바일로 본 화면

5 갤러리 보기 데이터베이스

갤러리 보기 데이터베이스는 이미지 섬네일로 정렬되는 데이터베이스 형태입니다. 노션 저널에서는 독서 노트, 버킷리스트 페이지 등에서 사용했고, 이미지 중심으로 정보를 정리하고 나열할 때도 사용합니다. 독서 노트의 경우 책 표지를 커버에 넣고 관리하기도 합니다.

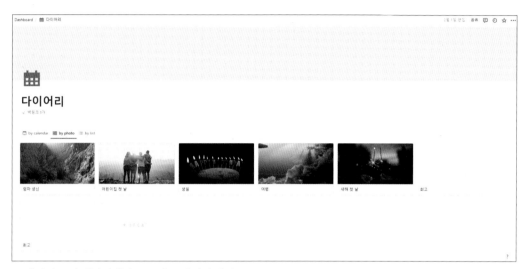

▲ 갤러리 보기 데이터베이스로 만든 페이지 예시

갤러리 보기 데이터베이스 기본 세팅에서 아래와 같이 데이터를 입력해 보세요. 카드를 클릭하여 페이지 내용에도 텍스트를 입력해 봅니다. 페이지에 '/갤러리 보기' 입력 후 새 데이터베이스 시작을 클릭하여 시작합니다.

❶ 제목 입력
❷ 페이지 제목 입력 및
　페이지 내용 삭제
❸ 페이지 제목 입력 및
　페이지 내용 편집

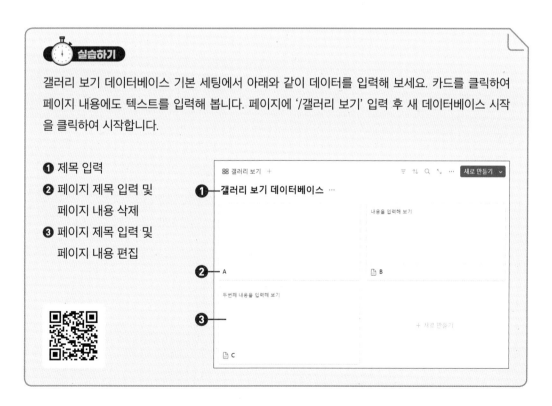

6 타임라인 보기 데이터베이스

타임라인 보기 데이터베이스는 내용의 진행되는 기간, 순서 중심으로 정보를 보고 싶을 때 사용하기 좋은 데이터베이스 형태입니다. 주로 프로젝트를 진행할 때 사용합니다. [날짜] 속성이 있어야 하며, 시작일과 종료일을 지정하여 데이터를 관리하는 경우 가장 효율적으로 사용할 수 있습니다. 8장에서 다룰 노션 캘린더 앱에서 타임라인 보기 데이터베이스도 [날짜] 속성이 포함되기 때문에 데이터 연동이 가능합니다.

▲ 타임라인 보기 데이터베이스로 만든 페이지 예시

데이터베이스의 속성 살펴보기

데이터베이스에서 속성(property)은 데이터베이스를 구성하는 요소입니다. 데이터베이스를 생성하면 최초로 '이름'이라는 속성이 기본값으로 추가되는데, 페이지의 제목 역할을 하므로 삭제할 수 있는 속성입니다. 속성은 여러 종류가 있으며, 사용자가 입력하고자 하는 값의 성격에 따라 선택할 수 있습니다. 6개의 데이터베이스 중 가장 보편적으로 사용되는 데이터베이스인 표 보기 데이터베이스를 기준으로 속성 및 필터, 정렬 기능을 살펴보겠습니다. 표에서 한 행은 한 페이지를 의미하며, 한 행의 열은 여러 속성으로 구성될 수 있습니다. 속성의 종류는 다음과 같습니다.

❶ **텍스트** : 텍스트를 입력하는 속성으로, 가장 기본적으로 자주 사용됩니다.

❷ **숫자** : 숫자를 입력하는 속성으로, 숫자 외에 문자는 입력할 수 없습니다.

❸ **선택** : 태그를 생성하여 생성된 태그 값을 입력합니다. [선택] 속성에서는 태그를 하나만 선택할 수 있습니다.

❹ **다중 선택** : 여러 개의 태그를 선택할 수 있습니다. '선택'에서는 한 가지 태그만 선택 가능하지만, '다중 선택'에서는 여러 개의 태그를 적용할 수 있습니다.

선택 및 다중 선택 모두 태그를 생성하려면 원하는 텍스트를 입력하고 Enter 를 누르면 됩니다. 태그를 삭제할 때는 적용된 태그를 클릭하여 전체 태그 목록이 보여지면 [더 보기(…)] 아이콘을 클릭해 [삭제]하거나 이름을 변경합니다. 태그의 색상도 변경할 수 있습니다. 태그는 [정렬] 기능을 사용하면 태그가 정렬된 순서대로 정렬되기 때문에 순서를 변경해야 할 경우가 있습니다. 순서는 태그를 드래그하면서 변경할 수 있습니다.

❺ **상태** : [할 일](Not started), [진행 중](In progress), [완료](Done) 그룹으로 분류할 수 있습니다.

❻ **날짜** : 날짜 속성은 캘린더 보기 데이터베이스에서 중요하게 작용합니다. 날짜만 입력할 수 있는 속성으로, 해당 속성을 클릭하면 바로 날짜를 선택할 수 있도록 캘린더가 나타납니다. [날짜] 속성에서는 [종료일] 설정도 가능하여 연속적인 날짜를 적용할 수 있고, 리마인더 기능을 설정할 수 있어서 유용합니다.

 TIP

[날짜] 속성 리마인더 사용하기

[리마인더]는 다음 옵션 중 선택 가능합니다.

- 알림 없음
- 당일(오전/후 OO시)
- 1일 전(오전/후 OO시)
- 2일 전(오전/후 OO시)
- 1주일 전(오전/후 OO시)

시간을 설정한 후 [리마인더]를 다시 선택하면 시간을 좀 더 세부적으로 선택할 수 있는 메뉴가 나타납니다.

- 알림 없음
- 정각, 5분 전, 10분 전, 15분 전, 30분 전, 1시간 전, 2시간 전, 1일 전, 2일 전

'리마인더'를 통해 날짜, 시간을 지정하여 설정할 수 있고, 해당 시간에 알림을 받을 수 있습니다.

❼ **사람** : 프로젝트 관리 담당자나 보드 보기 데이터베이스 사용 시 사용자별 그룹으로 분류할 수 있습니다. 해당 페이지에 멤버 및 게스트가 있을 때 사용하고, [사람] 속성을 입력하면 해당 사용자에게 알림이 발송됩니다('멘션' 기능과 동일한 알림).

❽ **파일과 미디어** : 이미지와 동영상은 삽입되고, 파일은 다운로드할 수 있는 형태로 입력됩니다. 삽입된 이미지, 동영상은 [더 보기(…)] 아이콘을 클릭하면 전체 화면, 다운로드, 원본 보기(웹 브라우저를 통해 확인 가능), 삭제가 가능합니다.

❾ **체크박스** : 체크박스만 표시되며 행을 추가해도 기본적으로 체크박스 형태로 추가됩니다.

❿ **URL** : 웹사이트 링크를 입력할 수 있고 연결 링크를 클릭하면 바로 해당 주소로 이동합니다. URL의 경우 보통 주소가 길어서 행 높이가 길어질 수 있는데, 데이터베이스 더 보기(…) 아이콘에서 [열 줄바꿈]을 비활성화하면 행 높이가 변경되지 않습니다.

⓫ **이메일** : 이메일 주소만 입력하며, 마우스 커서를 갖다 댄 후 @ 아이콘을 클릭하면 이메일을 보낼 수 있습니다.

⓬ **전화번호** : 전화번호를 입력하고, 모바일에서 필드를 클릭하면 바로 전화를 걸 수 있습니다.

⓭ **수식** : 엑셀의 함수 기능을 하는 속성으로, 빈칸을 클릭하면 수식을 입력하는 창이 열립니다. 작성된 수식은 열 전체에 적용됩니다. 수식은 다양하게 쓸 수 있고 기초부터 고급 수식까지 작성할 수 있습니다. 하지만 MS Excel과 같이 셀 단위로 계산할 수 없기 때문에 고급 함수 및 복잡한 계산에는 적합하지 않습니다. 보통 google spread sheet를 임베드하여 사용합니다. 이 책에서는 [수식] 속성의 함수를 자세히 다루지 않을 예정입니다. 이 책에서만 제공하는 템플릿에 사용된 함수만 예제와 함께 다루도록 하겠습니다.

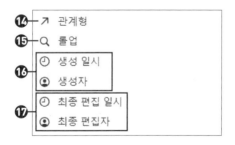

⓮ **관계형** : Notion에서 현재 데이터베이스와 다른 데이터베이스의 특정 행의 페이지 내용을 연결할 수 있고 스마트하게 사용할 수 있는 기능입니다.

⓯ **롤업** : 관계형 기능과 함께 쓰이는 기능으로, [관계형] 속성으로 다른 데이터베이스 페이지를 연결한 후 [롤업] 속성을 추가하면 연결한 열의 값을 가져와서 볼 수 있습니다. [관

계형] 속성과 함께 뒤에서 자세히 살펴보겠습니다.

⓰ 생성 일시 및 생성자 : 데이터베이스의 각 행의 생성한 일시와 생성한 사용자가 자동으로 입력됩니다.

⓱ 최종 편집 일시 및 최종 편집자 : 해당 행이 마지막으로 편집된 일시와 마지막으로 편집한 사용자가 자동으로 입력됩니다.

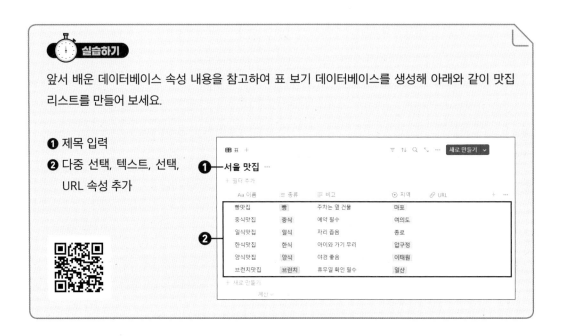

실습하기

앞서 배운 데이터베이스 속성 내용을 참고하여 표 보기 데이터베이스를 생성해 아래와 같이 맛집 리스트를 만들어 보세요.

❶ 제목 입력
❷ 다중 선택, 텍스트, 선택, URL 속성 추가

STEP
06·4
데이터베이스 보기 설정

1 데이터베이스 화면 구성 및 기능

6개의 데이터베이스 중 표 보기 데이터베이스를 입력해 보겠습니다. ❶ '/표'를 입력하면 표 기본 블록과 표 보기 데이터베이스가 목록에 보입니다. ❷ [표 보기]를 클릭하면 오른쪽과 같이 기존 데이터베이스에서 표 보기로 작성된 데이터베이스 리스트가 보입니다. ❸ 하단의 [+ 새 데이터베이스 생성]을 클릭합니다.

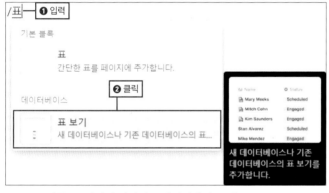

▲ [표 보기]를 클릭하면 나타나는 데이터베이스 리스트

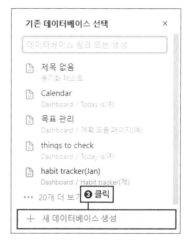

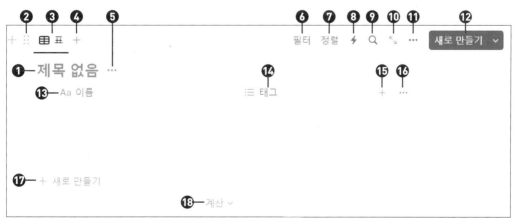

▲ 표 보기 데이터베이스 생성 시 세팅되는 기본 화면

❶ 데이터베이스의 제목을 입력합니다. 페이지, 데이터베이스의 양이 많아질 경우 검색 기능을 활용하여 찾아야 하는 경우가 있으므로 제목은 명확하게 작성합니다.

❷ 데이터베이스에 마우스 커서를 갖다 대면 ::(블록 핸들) 모양을 확인할 수 있고, 링크 복사, 페이지로 전환, 잠금 설정 등을 할 수 있습니다. 각 열의 속성과 위치를 변경할 수 없도록 잠금 처리를 합니다.

▲ 데이터베이스 핸들을 클릭하면 나타나는 리스트

❸ 데이터베이스의 제목이 아니라 '표'라는 보기 형태의 이름을 바꿀 수 있습니다. [보기 편집]을 통해 현재 데이터베이스 보기 형태를 6개 중 하나로 바꿀 수 있습니다. 또한 보기 링크를 복사하거나 현재 데이터베이스를 복제 또는 제거 할 수 있습니다.

▲ [표]를 클릭하면 나타나는 리스트

❹ 처음 표 보기 데이터베이스 블록을 생성했을 때 나머지 5개의 보기 데이터베이스뿐만 아니라 표 보기 데이터베이스 형태까지 추가할 수 있습니다. [+] 버튼을 클릭한 후 원하는 데이터베이스 형태를 선택하고 [완료]를 클릭합니다. 추가한 보기 데이터베이스 형태는 이름을 변경할 수 있고, 보기 설정을 통해 레이아웃을 편집할 수 있습니다. 표 보기 데이터베이스를 생성했더라도 동일한 값을 다른 형태의 데이터베이스로 볼 수 있습니다. 똑같은 내용을 다른 형태로 보는 기능입니다.

❺ 현재 데이터베이스를 확인할 수 있고, 데이터베이스 제목을 편집하거나 숨길 수 있습니다.

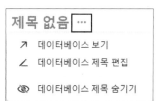

▲ 데이터베이스 제목 오른쪽 […]를 클릭하면 나타나는 리스트

❻ 데이터베이스 블록 위에 마우스 커서를 갖다 대면 오른쪽 위에 필터, 정렬, 검색, 확장, 더 보기(…) 아이콘 등을 확인할 수 있습니다. [필터]를 클릭하면 다음과 같이 모든 속성이 보이고 필터 기준을 선택할 수 있습니다.

▲ [필터]를 클릭하면 나타나는 리스트

❼ 각 보기마다 기준이 되는 속성을 선택하여 정렬할 수 있습니다. [정렬]을 클릭하면 기준이 될 수 있는 모든 속성들이 나타나고, '이름' 기준으로 정렬을 클릭하면 오름차순, 내림차순 중 선택할 수 있는 창이 나타납니다.

▲ [정렬]을 클릭하면 나타나는 리스트

❽ [데이터베이스 자동화]는 특정 조건 충족 시 사용자가 자동으로 후속 작업을 수행할 수 있도록 지정하여 자동으로 수행하는 기능입니다. 현재는 기본적으로 다음과 같은 자동화를 수행하지만 무료 요금제에서는 Slack 자동화만 설정할 수 있습니다(템플릿에 포함되어 있는 자동화는 사용 가능하지만 편집 불가).

- 작업 상태가 변경될 때 특정 사용자에게 작업 배정하기
- 페이지가 추가되면 Slack 알림 전송하기
- 속성이 변경되면 다른 데이터베이스에서 페이지 속성 편집하기

❾ 데이터베이스 내의 내용을 검색할 수 있습니다.

❿ 데이터베이스 내에 있는 페이지를 열 때 어떤 형태로 열지 선택할 수 있습니다. 왼쪽 상단의 전체 페이지 열기 바로 오른쪽을 클릭하면 [중앙에서 보기], [사이드 보기], [전체 페이지 보기]를 확인할 수 있습니다.

⓫ [더 보기]는 해당 데이터베이스의 다양한 기능이 담겨 있는 아이콘입니다. 데이터베이스별로 나타나는 목록이 다른 부분도 있지만 하단은 동일합니다.

▲ […]를 클릭하면 나타나는 리스트

- 레이아웃 : 보기의 형태를 변경할 수 있고, 데이터베이스 이름을 표시하거나 표시하지 않을 수 있습니다. [모든 열 줄바꿈]은 속성의 길이를 짧게 줄일 수 있고, [세로선 표시] 옵션을 통해 세로선을 없애거나 나타낼 수 있습니다.
- 속성 : 데이터베이스의 속성을 추가하거나 편집, 삭제, 복제, 순서 및 이름을 바꿀 수 있습니다. 속성을 삭제한 후 다시 불러오고 싶다면 '삭제한 속성'에서 다시 복원할 수 있고 데이터 값도 다시 보여지게 됩니다.
- 필터 : 각 보기마다 필터를 지정할 수 있습니다.
- 하위 항목 : 보드 보기에서만 보이는 속성으로, 그룹화와 함께 사용하면 행과 열에 모두 그룹을 묶을 수 있습니다.
- 처음 불러오기 : 데이터베이스에 입력된 데이터가 많을 때 기본으로 표시될 행의 개수를 선택할 수 있습니다.
- 데이터베이스 잠금 : 레이아웃을 편집할 수 있도록 지정하고, 데이터를 편집할 수 있습니다.

- 보기 링크 복사 : 보기 방식을 공유할 수 있는 링크를 복사할 수 있습니다.
- 보기 복제 : 보기를 복제할 수 있습니다.
- 보기 제거 : 보기 방식을 삭제할 수 있습니다.

⓬ 템플릿 버튼을 데이터베이스에서 사용하기 위해서는 버튼을 일일이 복사 및 붙여넣기 해야 하는데, 데이터베이스 템플릿은 버튼 한 번으로 데이터베이스에 지정한 블록과 서식을 불러와서 페이지를 만들 수 있습니다.

1. 데이터베이스의 오른쪽 위 [새로 만들기] 옆의 [v] 아이콘을 클릭한 후 [+ 새 템플릿]을 선택합니다.
2. 내용을 입력한 후 [뒤로]를 클릭하여 완성합니다. 이때 페이지의 제목은 템플릿의 이름이므로 페이지가 생성되면 '제목 없음'이라고 만들어집니다.
3. 다시 [v] 아이콘을 클릭하면 생성된 템플릿이 보이게 되는데, 해당 템플릿을 선택합니다.

완성된 템플릿은 [더 보기(…)]를 클릭하면 편집, 복제, 삭제가 가능합니다. [더 보기(…)] 아이콘을 클릭한 후 [반복]을 클릭하면 매일, 매주, 매달, 매년 옵션을 선택하여 해당 템플릿을 자동으로 만들 수 있습니다. 템플릿 기능은 CHAPTER 9-4에서 실습하게 됩니다.

⓭ 어떤 데이터베이스를 생성하더라도 [이름] 열은 고정적으로 생성되고, 페이지의 제목 역할을 하기 때문에 삭제할 수 없습니다.

- 제목 : 데이터베이스를 만들면 기본적으로 '이름'이라는 열이 고정적으로 생깁니다. 삭제는 할 수 없지만 행 안에서의 위치 이동은 가능합니다. [이름] 속성은 [제목]이라는 속성이며, 한 행은 한 페이지를 의미하므로 [제목]은 한 페이지의 페이지 제목이 됩니다.

▲ 페이지 [열기]를 클릭하면 나타나는 화면

❹ 표 보기 데이터베이스를 생성하면 자동으로 [이름] 열과 [태그] 열이 생성됩니다. 클릭하면 속성의 이름과 속성을 변경할 수 있습니다.

▲ [태그]를 클릭하면 나타나는 리스트

❺ 새 속성, 즉 열을 선택하여 추가할 수 있습니다.

❻ 현재 데이터베이스의 속성을 검색하거나 속성별 숨기기를 설정할 수 있습니다.

▲ [⋯]를 클릭하면 나타나는 리스트

❼ 행을 추가합니다. 이는 페이지를 추가하는 것과 동일합니다.

❽ 열마다 계산할 수 있습니다. 표 보기 데이터베이스의 하단에 마우스 커서를 갖다 대면 [계산]을 볼 수 있습니다.

열이 텍스트형 속성일 때

텍스트가 입력된 열에 출력되는 계산 옵션입니다. 예를 들어 [이름], [선택], [다중선택], [사람], [파일과 미디어], [URL], [이메일], [전화번호], [수식], [관계형], [롤업], [생성자], [최종편집자] 속성인 경우 [계산] 목록이 아래와 같이 나열됩니다.

- 계산 안 함 : 계산을 별도로 지정하지 않습니다.
- 모두 세기 : 행의 개수를 계산합니다.

- 값 세기 : 데이터의 개수를 계산합니다.
- 중복 제외 모두 세기 : 중복되지 않은 데이터의 개수를 계산합니다.
- 빈 값 세기 : 값이 비어 있는 행의 개수를 계산합니다.
- 비어 있지 않은 값 세기 : 값이 비어 있지 않은 행의 개수를 계산합니다.
- 빈 값 세기(%) : 값이 비어 있는 행의 개수를 비율(%)로 계산합니다.
- 비어 있지 않은 값 세기(%) : 값이 비어 있지 않은 행의 개수를 비율(%)로 계산합니다.

열이 숫자 속성일 때

열이 숫자형일 때 숫자가 입력된 열에서 텍스트형 계산 옵션에 더하여 출력되는 계산 옵션입니다.

- 합계, 평균값, 중앙값, 최솟값, 최댓값
- 범위 : 최댓값에서 최솟값을 뺀 숫자를 계산합니다.

열이 날짜 속성일 때

날짜형 옵션에서 세 가지가 추가됩니다. 예를 들어 [날짜], [생성일시], [최종 편집 일자] 속성인 경우 [계산] 목록이 아래와 같이 나열됩니다.

- 가장 이른 날짜, 최근 날짜
- 날짜 범위 : 가장 이른 날과 늦은 날의 간격을 계산합니다.

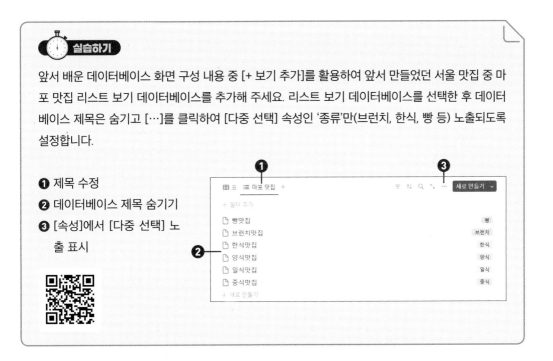

실습하기

앞서 배운 데이터베이스 화면 구성 내용 중 [+ 보기 추가]를 활용하여 앞서 만들었던 서울 맛집 중 마포 맛집 리스트 보기 데이터베이스를 추가해 주세요. 리스트 보기 데이터베이스를 선택한 후 데이터베이스 제목은 숨기고 [⋯]를 클릭하여 [다중 선택] 속성인 '종류'만(브런치, 한식, 빵 등) 노출되도록 설정합니다.

❶ 제목 수정
❷ 데이터베이스 제목 숨기기
❸ [속성]에서 [다중 선택] 노출 표시

6가지의 데이터베이스별로 그 형태에 맞는 레이아웃을 설정할 수 있습니다. 각각의 데이터
베이스에서 공통적으로 제공하는 기능과 다르게 제공하는 기능에 대해 알아보겠습니다.

[데이터베이스 레이아웃 한눈에 비교하기]

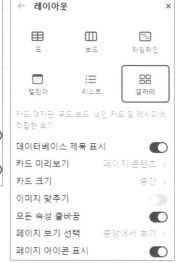

[데이터베이스 공통 적용 기능]

- 데이터베이스 제목 표시
- 페이지 보기 선택
- 페이지 아이콘 표시

[다른 기능]

| 데이터베이스별 레이아웃 적용 |

표	• 세로선 표시 : 세로선을 표시하거나 숨길 수 있습니다. • 모든 열 줄바꿈 : 활성화하면 텍스트의 길이에 따라 높이가 달라집니다.
보드	• 카드 미리보기 : 카드 사용 안함, 페이지 커버, 페이지 콘텐츠 중 선택하여 미리보기를 설정할 수 있습니다. • 카드 크기 : 중간으로 기본 설정되어 있으며, 작게, 중간, 크게 중에서 선택합니다. • 모든 속성 줄바꿈 : 활성화 화면 내용이 길어질 경우 다음 줄로 넘어갑니다. • 그룹화 기준 : 보드 보기에서 기준이 되는 속성을 선택합니다. • 열 배경색 : 기준이 되는 속성의 색상이 배경색이 됩니다.
타임라인	• 타임라인 표시 기준 : 날짜 속성이 여러 개라면 기준을 선택할 수 있습니다. • 별도의 시작일과 종료일 사용 : 별도의 시작일과 종료일을 설정할 수 있습니다. • 표 보기 : 타임라인 왼쪽에 표를 추가하여 함께 볼 수 있습니다.
캘린더	• 캘린더 표시 기준 보기 : 날짜 속성이 여러 개일 경우 기준이 되는 속성을 선택할 수 있습니다. • 캘린더 표시 기준 : 월 또는 주 중에서 선택합니다. • 주말 표시 : 토요일, 일요일을 표시하거나 표시하지 않을 수 있습니다.
리스트	(데이터베이스 공통 적용 참고)
갤러리	• 카드 미리보기 : 카드 사용 안함, 페이지 커버, 페이지 콘텐츠 중 선택하여 미리보기를 설정할 수 있습니다. • 카드 크기 : 중간으로 기본 설정되어 있으며, 작게, 중간, 크게 중에서 선택합니다. • 이미지 맞추기 : 카드 프레임 내부에 전체 이미지가 보이도록 이미지 크기가 조정됩니다. • 모든 속성 줄바꿈 : 활성화 화면 내용이 길어질 경우 다음 줄로 넘어갑니다.

3 필터

데이터베이스에서 내용이 많을 경우 [필터] 기능을 사용하여 필요한 정보만 확인할 수 있습니다. 많이 사용하는 기능 중 하나입니다. 필터를 지정하고 싶은 열을 클릭한 후 [필터]를 클릭합니다.

▲ [선택] 속성인 '지역'에서 '마포'만 필터로 지정

[값을 포함하는 데이터]가 기본적으로 설정되어 있고, 값을 입력하거나 데이터를 선택하면 해당 내용을 포함하는 데이터만 보이게 됩니다.

▲ 필터 예시

위의 예시와 같이 서울 맛집 중에서 '마포 맛집'만 필터를 적용하여 볼 수 있습니다. 필터를 제거할 때는 설정된 필터 오른쪽의 [더 보기(…)]를 클릭하고 [필터 제거를 클릭합니다. 필터 기능은 [모두에게 저장]을 클릭하면 다른 사용자에게도 동일한 필터 값이 적용되어 보이게 됩니다.

속성이 [날짜]일 때는 속성이 [선택]일 경우와 필터 기준이 다르게 나타납니다. [날짜] 속성으로 시작일, 종료일, 이번, 지난, 다음, 일, 주, 월, 연 등과 같이 다양한 옵션으로 필터를 지정할 수 있습니다.

▲ 이번 주 기준으로 데이터가 보임

▲ 오늘 기준으로 데이터가 보임

실습하기

앞서 만든 '마포 맛집' 리스트 보기 데이터베이스를 다시 표 보기 데이터베이스로 바꾼 후 '지역'이 '마포'인 식당만 보이도록 필터를 설정해 보세요.

❶ [필터]에서 '마포' 지역 설정
❷ [⋯] 메뉴에서 [레이아웃]을 [표]로 변경

[고급 필터]

필터 조건을 한 가지만 아니라 여러 가지 사용하여 데이터를 묶어서 볼 수도 있습니다. 최대 세 가지 조건을 만들 수 있는데, 맛집 리스트 예제를 통해 만들어 보겠습니다. '마포' 또는 '종로'에 있는 식당을 모두 보여주는 필터를 지정하겠습니다.

[필터]를 선택한 후 [+ 고급 필터 추가]를 클릭합니다.

AND 조건(및) 또는 OR 조건(또는)을 선택할 수 있습니다. 마포 또는 종로에 있는 식당에 대한 조건식이므로 ❶ [또는]을 선택합니다. ❷ 데이터베이스에 있는 속성을 [지역]으로 선택하고 ❸ [값과 동일한 데이터]를 선택하여 필터를 설정해 줍니다.

마포에 있는 빵집도 필터로 검색할 수 있습니다. 필터 기능은 데이터가 많을 때 더 유용하게 사용할 수 있습니다.

4 정렬

데이터베이스의 내용을 속성별로 오름차순 또는 내림차순으로 정렬할 수 있습니다. 속성에 따라 다른 방식으로 정렬되며, 원하는 만큼 정렬 규칙을 추가하여 사용할 수 있습니다.

- **[텍스트] 속성** : 가나다순 또는 알파벳순 정렬
- **[숫자] 속성** : 숫자 순서 정렬
- **[선택 또는 다중 선택] 속성** : 사용자가 지정한 순서대로 정렬. 속성을 드래그하여 순서 지정 가능

블록 핸들(⋮⋮)을 드래그하여 속성의 순서를 지정할 수 있고, 지정한 순서에 따라 오름차순 또는 내림차순으로 정렬됩니다.

❶ [이름] 속성을 오름차순으로 정렬한 후 ❷ [+ 정렬 추가]를 클릭하여 [날짜] 속성을 오름차순으로 정렬하도록 추가할 수 있습니다. 이와 같이 지정하면 이름을 오름차순으로 정렬한 후 날짜를 오름차순으로 정렬합니다. 블록 핸들(⠿)을 통해 정렬 순서를 변경할 수 있습니다. [날짜] 속성을 가장 위의 기준으로 정렬하고 싶다면 [날짜] 속성 앞에서 블록 핸들(⠿)을 조정하여 위로 드래그해 줍니다.

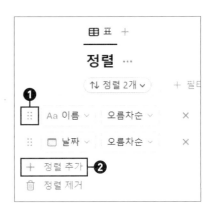

⏱ **실습하기**

앞서 만든 '서울 맛집' 표 보기 데이터베이스에서 제목을 [이름] 속성을 기준으로 오름차순으로 정렬해 보세요.

❶ [정렬]에서 [이름] 기준으로 설정

관계형 데이터베이스는 [관계형] 속성을 통해 다른 데이터베이스를 연결하고, [롤업] 속성을 통해 해당 데이터베이스의 특정 행, 즉 페이지를 가져와서 데이터를 활용합니다. [관계형] 속성으로 연결되어 있어야 [롤업] 속성을 사용할 수 있습니다. 이해를 돕기 위해 예시를 통해 설명하겠습니다. 9장에서 실습으로도 설명하게 될 기능입니다.

데이터베이스에 [관계형] 속성을 추가하면 연결할 수 있는 데이터베이스 목록이 나오는데, 여기서 연결하고자 하는 데이터베이스를 선택합니다. 이 중 '레시피북'이라는 데이터베이스를 관계형으로 연결해 보겠습니다. 보여지는 목록에 원하는 데이터베이스가 없으면 데이터베이스 이름을 검색하여 찾을 수 있습니다. [관계형] 속성 열을 클릭하면 해당 데이터베이스의 페이지 목록이 나타납니다.

데이터베이스를 선택하면 화면이 나타나고, '레시피북에 표시'를 활성화하면 해당 데이터베이스에 [관계형] 속성이 추가됩니다. [제한]은 단일 페이지만 연결할지, 여러 페이지를 연결할지 설정하는 항목입니다. 서로 다른 데이터베이스에서 하나의 데이터끼리만 연결한다면 [제한 - 1개 페이지]만 선택하고, 제한을 적용한다면 하나의 데이터는 하나의 관계형 페이지만 생성할 수 있습니다. 설정이 완료되면 [관계형 추가]를 클릭하여 관계형 데이터베이스 속성 추가를 완료합니다.

[관계형] 속성은 독립적으로 사용할 수 있지만 보통 [롤업] 속성과 함께 사용합니다. [롤업] 속성은 [관계형] 속성을 추가한 후 사용합니다. [롤업] 속성을 추가하고 빈칸을 클릭하면 연결된 관계형 데이터베이스의 어떤 속성을 불러올지 선택할 수 있습니다. 다음 예시를 살펴보겠습니다.

'지출'이라는 기본 표 데이터베이스가 있고, '분류별 지출'이라는 다른 기본 표 데이터베이스가 있습니다. 지출 데이터베이스 내용 중 식비, 커피, 쇼핑의 분류별 지출을 별도로 볼 수 있도록 분류별 지출 데이터베이스에 [관계형] 및 [롤업] 속성을 추가해 보겠습니다.

분류별 지출 데이터베이스에 [관계형] 속성을 추가하고 '지출' 데이터베이스를 연결합니다. '식비' 행(페이지)에는 A, D, F행(페이지)을 연결하고, 오른쪽에는 [롤업] 속성을 추가합니다. 그런 다음 빈칸을 클릭하면 [관계형], [속성], [계산]을 선택할 수 있는 팝업이 나타납니다. [관계형] 속성과 연결하고, 관계형으로 연결된 '지출' 데이터베이스의 [금액] 속성을 롤업합니다. 롤업할 때는 여러 항목 중에서 선택할 수 있는데, '합계'를 선택하여 A, D, F 페이지의 [금액] 속성의 합계를 산출하도록 설정했습니다. 롤업 계산 항목의 종류는 다음 내용을 참고하길 바랍니다.

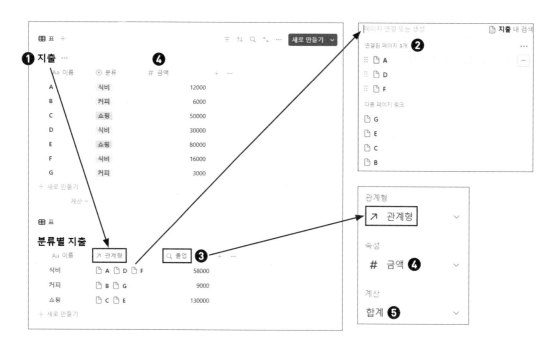

예시에서는 [롤업] 속성의 계산에서 [합계]를 선택했지만 다음 옵션 중에서도 선택하여 이용할 수 있습니다.

- **원본 표시** : 연결된 페이지를 표시합니다. [관계형] 속성과 같은 내용을 나타냅니다.
- **고유한 값 표시** : 연결된 모든 페이지의 속성 값을 중복 없이 나타냅니다.
- **모두 세기** : 연결된 모든 페이지에서 선택한 속성의 값 개수를 나타냅니다.
- **중복 제외 모두 세기** : 연결된 모든 페이지에서 선택한 속성의 값 개수를 중복 없이 나타냅니다.
- **빈 값 세기** : 연결된 모든 페이지 중 선택한 속성이 비어 있는 페이지의 개수를 계산합니다.
- **비어 있지 않은 값 세기** : 연결된 모든 페이지 중 선택한 속성이 비어 있지 않은 페이지의 개수를 표시합니다.
- **빈 값 세기(%)** : 연결된 모든 페이지 중 선택한 속성이 비어 있는 페이지의 개수를 백분율로 표시합니다.
- **비어 있지 않은 값 세기(%)** : 연결된 모든 페이지 중 선택한 속성이 비어 있지 않은 페이지의 개수를 백분율로 표시합니다.

그 밖에 [숫자] 속성, [날짜] 속성을 롤업할 경우 다양한 옵션을 지원합니다.

07

CHAPTER

노션 함께
사용하기

노션은 혼자서도 훌륭하게 사용할 수 있는 툴이지만 같이하면 몇 배로 효율적으로 일처리를 할 수 있게 만들어진 도구입니다. 다른 사용자와 함께 업무 처리를 할 수 있게 댓글, 토론, 공유, 게스트 초대 기능을 제공하고 있으며, 기업 요금제에서는 전문적인 협업 도구로 사용할 수 있는 기능도 제공하고 있습니다. 7장에서는 게스트를 초대하여 페이지를 함께 편집하고 내용을 공유하는 기능에 대해 다루어 보겠습니다.

멤버 초대

워크스페이스 관리자가 멤버를 사용자로 초대하면 그 멤버는 해당 워크스페이스의 페이지를 볼 수 있습니다. 멤버를 초대하는 방법은 [설정과 멤버] → [멤버 추가]를 클릭하고 초대할 사용자의 이메일 주소를 입력한 후 [초대]를 클릭하면 됩니다. 이때 Notion 계정으로 사용하고 있는 이메일을 입력해야 합니다. 초대받은 사용자는 왼쪽 사이드 바 상단에서 초대받은 워크스페이스를 확인할 수 있습니다. 다만, 개인 플러스 요금제를 사용하는 멤버를 초대할 경우 팀 요금제로 업그레이드되어 멤버에 따라 팀 요금제가 결제될 수 있으므로 주의해야 합니다. 요금제에 대한 내용은 STEP 04·4에서 다루었습니다. 노션의 최신 요금제는 https://www.notion.so/ko-kr/pricing에서 확인 가능합니다.

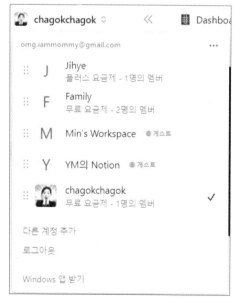

▲ 워크스페이스가 여러 개인 모습

멤버를 추가했다면 왼쪽 사이드 바에서 팀스페이스 섹션과 개인 페이지 섹션이 구분되게 됩니다. 파란색 음영 사이드 바는 노션을 가입한 직후의 사이드 바이고, 녹색 음영 사이드 바는 즐겨찾기와 멤버를 추가한 이후의 사이드 바입니다. 개인 페이지 섹션에 있는 페이지를 팀스페이스 섹션으로 옮겨놓으면 자동으로 해당 페이지가 공유됩니다. 반대로 팀스페이스 섹션에 있는 페이지를 개인 페이지 섹션으로 드래그하여 이동하면 팀 공유가 해제됩니다. 이때 설정해 두었던 공유 수준이 있다면 모두 초기화되기 때문에 유의해야 합니다.

▲ 초기 세팅 화면

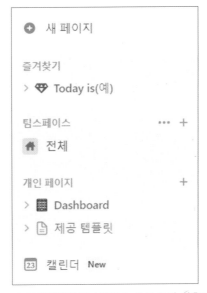

▲ 즐겨찾기와 팀스페이스 섹션 추가 이후의 화면

'게스트'라는 개념은 '멤버'와 달리 특정 페이지에만 '초대'하는 기능입니다. 멤버가 직원이라면, 게스트는 특정 프로젝트, 즉 특정 페이지를 함께 작업하는 협력 업체라고 할 수 있습니다. 노션 페이지를 공유할 때 편집 권한을 주려면 초대받는 사용자도 노션 계정이 있어야 합니다.

1. 오른쪽 상단의 [공유] 버튼을 클릭합니다. 초대할 사용자의 Notion 계정 이메일 주소를 입력하고 이메일 주소가 검색되면 원하는 수준의 권한을 설정하고 [초대] 버튼을 클릭합니다.
2. 해당 페이지를 공유받은 사용자에게 알림이 표시되고, 워크스페이스를 클릭하면 워크스페이스에 페이지가 추가된 것을 확인할 수 있습니다.

[초대]에 대한 권한 수준은 다음과 같습니다. [초대에 메시지 추가]를 통해 추가로 메시지를 입력하여 전송할 수 있습니다.

- **전체 허용** : 편집과 댓글을 다는 것은 물론, 다른 사용자를 추가하여 공유할 수 있습니다.
- **편집 허용** : 열람 및 수정하고 댓글을 달 수 있습니다(플러스 요금제부터 사용 가능. 무료 요금제는 사용 불가).
- **댓글 허용** : 열람하고 댓글을 달 수 있습니다.
- **읽기 허용** : 열람하여 읽을 수 있습니다.
- **제거** : 허용된 권한을 제거하여 페이지를 작성한 사람만 수정할 수 있게 합니다.

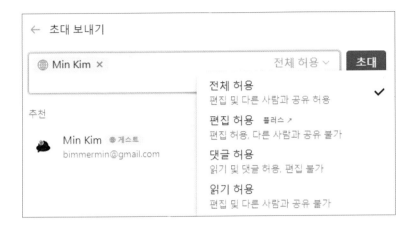

상위 페이지를 설정하면 하위 페이지도 동일하게 자동으로 설정한 권한이 적용됩니다. 하위 페이지를 다르게 설정하고 싶다면 하위 페이지별로 따로 설정할 수 있습니다. 해당 페이지가 다른 Notion 사용자에게 공유되면 오른쪽 상단에 다른 사용자의 프로필 이미지가 나타나게 됩니다. 그리고 왼쪽 사이드 바에 '공유된 페이지' 섹션의 해당 페이지가 나타납니다.

오른쪽과 같이 '게스트를 초대한 페이지'라는 제목의 페이지가 '공유된 페이지' 섹션에 들어가 있는 것을 확인할 수 있습니다.

▲ '게스트를 초대한 페이지'가 '공유된 페이지' 섹션에 추가됨

페이지 공유

내가 만든 노션 페이지는 [게시] 기능을 통해 공유 링크를 생성하여 배포할 수 있고, 노션 계정이 없더라도 누구든 링크가 있으면 접속할 수 있습니다. [게시] → [웹에서 공유]를 클릭하여 읽기 허용하고 [링크 복사]를 클릭해 해당 링크를 공유합니다. 다만, 이 페이지의 하위 페이지들도 모두 공유되므로 주의해야 합니다. 페이지 링크를 공유할 때 웹 링크를 그대로 복사하지 말고 [링크 복사]를 통해 복사된 링크를 공유하는 것이 좋습니다.

[공유] 메뉴는 무료 요금제와 유료 요금제가 다른 기능을 제공하고 있습니다. 무료 요금제는 [링크 만료] 기능만 이용할 수 없고 그 밖의 기능은 모두 이용할 수 있습니다. [공유] 메뉴는 게스트를 초대하는 기능이고, [게시] 메뉴는 웹 게시 관련 설정 메뉴입니다.
[설정과 멤버] → [사이트]에서 그림의 하늘색 영역과 같이 현재 워크스페이스에 게시되어 있는 페이지를 한번에 확인할 수 있습니다.

[게시]를 활성화하면 다음의 하위 기능들을 선택할 수 있습니다.

- **링크 만료** : 공유된 링크의 열람이 중단되는 기간을 설정할 수 있습니다. 개인 무료 요금제에서는 링크 만료 기능을 사용할 수 없습니다.
- **편집 허용** : 노션 계정이 있는 다른 사용자가 해당 페이지를 편집할 수 있도록 허용하는 권한입니다. 댓글을 달 수도 있고, 해당 페이지의 하위 페이지도 만들 수 있습니다(해당 기능은 개인 플러스 요금제에서 사용 가능).
- **댓글 허용** : 노션 계정이 있는 다른 사용자가 페이지에 댓글을 달 수 있습니다.
- **템플릿 복제 허용** : 다른 사용자가 해당 페이지를 복제할 수 있도록 하는 기능입니다. 이 기능을 활성화하면 다른 사용자들에게 [복제] 버튼이 보이게 됩니다. 다른 사용자는 [복제] 버튼을 통해 템플릿을 복제하여 사용할 수 있습니다.
- **검색 엔진 인덱싱** : 유료 요금제부터 사용 가능하며, 해당 페이지가 검색 엔진에서 노출되도록 할지 설정합니다. 노션 페이지를 개인 블로그, 홈페이지로 사용하는 경우에 많이 사용하는 기능입니다.

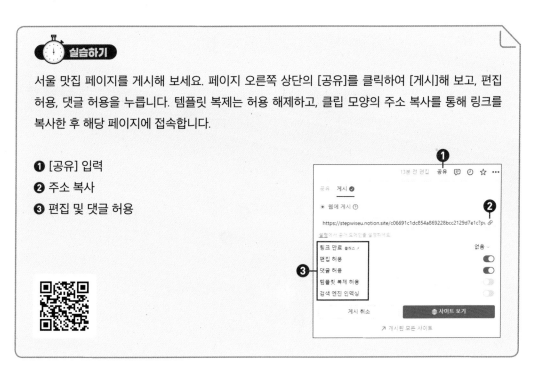

⏱ **실습하기**

서울 맛집 페이지를 게시해 보세요. 페이지 오른쪽 상단의 [공유]를 클릭하여 [게시]해 보고, 편집 허용, 댓글 허용을 누릅니다. 템플릿 복제는 허용 해제하고, 클립 모양의 주소 복사를 통해 링크를 복사한 후 해당 페이지에 접속합니다.

❶ [공유] 입력
❷ 주소 복사
❸ 편집 및 댓글 허용

댓글 및 멘션

노션은 협업 도구답게 사용자 간에 활발히 소통할 수 있는 댓글(Comment) 기능과 사용자를 특정하여 소환할 수 있는 멘션(Mention) 기능을 지원하고 있습니다.

1 댓글

블록이나 단어에도 댓글을 남길 수 있습니다. 블록 핸들(⠿)을 클릭한 후 댓글을 남기거나 해당 영역을 드래그하면 [그림 1]과 같이 나타나는 팝업에서 [댓글]을 클릭한 후 [그림 2]와 같이 팝업이 나타나면 ❶ 내용을 입력하고 ❷ 파일을 첨부합니다. ❸ 멘션을 클릭하여 멘션 하려는 페이지, 날짜, 사용자를 입력하고, 댓글 작성 후 ❹ [전송]을 클릭하면 완료됩니다.

▲ [그림 1]

▲ [그림 2]

댓글에 대한 댓글을 작성할 때는 [그림 3]과 같이 ❺ 내용을 입력하고 ❻ 이모지 버튼을 통해 댓글에 반응을 남길 수 있습니다. 댓글을 확인한 후 ❼ [해결] 버튼을 클릭하여 댓글을 닫습 니다. 이는 댓글을 삭제하는 행위와 다릅니다. ❽ [⋯]를 클릭하면 [그림 4]와 같이 나타나는 데, 여기서 본인의 댓글을 수정하거나 스레드를 복사하거나 댓글을 삭제할 수 있습니다.

▲ [그림 3]

▲ [그림 4]

멘션은 특정 사용자를 해당 영역으로 부르는 기능입니다. @ 입력 후 부르고자 하는 사용자의 이름이나 아이디를 입력하면 소환할 수 있습니다. 멘션을 하면 해당 사용자의 [업데이트] 항목이 빨간색 숫자로 표시되고 사용자에게 알림이 전송됩니다. 이때 알림은 사용자가 설정해 둔 방법대로 전달됩니다. 만약 이메일, 모바일, 데스크톱 등에서 알림을 꺼두었다면 [모든 업데이트] 기록에서 확인하면 됩니다.

▲ @를 입력하면 나타나는 멘션 리스트

❶ **날짜** : @ 입력 후 날짜를 입력하면 마감일을 설정할 수 있습니다.

❷ **사람** : @ 입력 후 사용자를 멘션할 수 있습니다.

❸ **페이지 링크** : @ 입력 후 페이지 제목을 입력하면 해당 페이지로 이동하는 링크가 생성됩니다. @를 텍스트로 입력하고자 하면 @ 입력 후 Esc를 누릅니다.

사람을 멘션한 경우 해당 사용자에게 알림이 가고, [수신함]에서 확인할 수 있습니다.

▲ PC 버전 업데이트 알림 화면

▲ 모바일 버전 업데이트 알림 화면

08

CHAPTER

노션 다채롭게
사용하기

노션으로 메모와 문서를 작성하고 위키로 정보를 수집하고 프로젝트를 관리하는 것을 넘어서 자료를 편리하게 스크랩하고 노션에서 제공하는 AI 서비스를 통해 자료를 작성하고 편집할 수 있게 되었습니다. 2024년에 출시된 노션 캘린더를 통해 구글 캘린더 및 노션을 연동하여 더욱 스마트하게 작업할 수 있게 된 것입니다. 노션에서는 다양한 서드파티 앱과 API를 활용하여 공식적으로 제공하는 서비스 외에도 다채롭게 사용할 수 있는데, 8장에서는 그중 가장 많이 사용하는 기능에 대해 살펴보겠습니다.

Notion Web Clipper

Notion Web Clipper(노션 웹 클리퍼)는 인터넷에 있는 자료를 노션 페이지에 스크랩하는 기능입니다. Chrome, 파이어폭스, 사파리에서만 동작됩니다. Notion 웹 클리퍼는 Notion 공식 홈페이지(www.notion.so/ko-kr/web-clipper)에서 설치합니다.

▲ 노션 홈페이지 내 [Web Clipper] 설치 화면

해당되는 브라우저를 클릭하여 설치를 진행합니다. 크롬에 설치가 완료되면 URL 입력란 오른쪽에 Notion 아이콘이 표시됩니다. 사이트 액세스 권한이 필요할 경우 크롬의 [설정] → [도구 더 보기] → [확장 프로그램]에서 [파일 URL에 대한 액세스 허용]을 활성화합니다.

1 PC에서 웹 클리핑하기

PC에서 웹 클리핑하는 방법은 다음과 같습니다.

1. 웹 클리핑하고자 하는 사이트에서 웹 브라우저 상
   단의 Notion 아이콘을 클릭합니다.
2. 팝업이 뜨면 네모 박스 안에 자동 적용된 텍스트가
   나타나는데, ❶ 내용을 수정할 수 있습니다. 이 내
   용은 페이지 이름으로 지정됩니다. ❷ [Workspace]
   가 여러 개라면 워크스페이스를 지정하고 ❸ 저장
   할 페이지 또는 데이터베이스를 선택한 후 ❹ [Save
   page]를 클릭합니다.

다음과 같이 맨 아래쪽 행을 보면 [서울 맛집] 데이터베이스에 페이지가 추가된 것을 확인할
수 있습니다. 나머지 내용들도 정리하여 입력하여 정리해 줍니다.

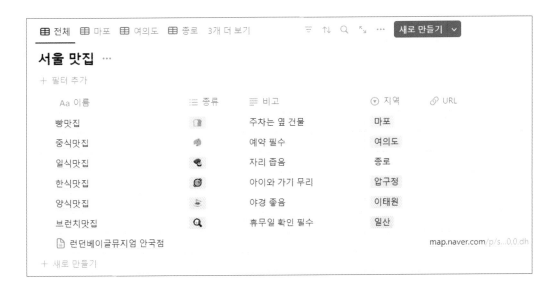

2 스마트폰에서 웹 클리핑하기

스마트폰에서 웹 클리핑하는 방법은 다음과 같습니다.

1. Safari에서 클리핑할 웹사이트로 이동합니다. '공유' 아이콘을 터치한 후 [Notion]을 찾아서 터치합니다.
2. 제목을 수정할 수 있고, [추가 대상]에서 클리핑할 워크스페이스 및 페이지를 선택할 수 있습니다.

노션 AI

2023년 2월에 공식 런칭한 노션 AI(Artificial Intelligence) 서비스는 GPT-3를 기반으로 만들어진 인공지능 서비스로, '노션에서 직접 내용을 작성하고 작성된 내용을 바탕으로 편집이 가능합니다. 워크스페이스 내에 작성된 내용을 바탕으로 Q&A 서비스를 통해 답변을 제공할 수 있습니다. 내용 작성 시 별도 AI 서비스를 이용하면 번거로울 수 있지만 내용을 편집하면서 바로 AI 서비스를 이용할 수 있는 것이 큰 장점입니다. 노션의 편집기가 사용이 편리한 만큼 AI를 통해 제공받은 내용도 노션 페이지 내에서 바로 자유롭게 편집할 수 있습니다. 추후 현재의 문서 작성, 메모 위주의 AI 서비스에서 프로젝트 관리 등 다양한 분야로까지 서비스를 확대할 예정이라고 하니 기대가 됩니다.

1 노션 AI 요금제

현재 사용하고 있는 기본 요금제에 별도로 AI 요금제가 추가되는 형태로 부과됩니다. 매월 멤버당 $10가 부과되는데, 2024년 1월 기준으로 연간 구독 중인 플러스, 비즈니스, 엔터프라이즈 고객에게는 20%의 할인 혜택을 제공하고 있습니다. 월간 요금제가 아닌 연간 요금 기준이며, 노션 AI 서비스는 워크스페이스 기준으로 요금을 책정하기 때문에 일부 멤버만 이용하도록 설정할 수는 없습니다(업데이트될 가능성이 있음).

편집기 내에서 Spacebar 를 클릭하면 바로 AI 서비스를 이용할 수 있고, AI 응답 후 [다시 시도]를 클릭하면 AI 응답이 차감됩니다. AI 요금제를 사용 중이라면 무제한으로 사용할 수 있습니다.

2 AI 사용해 보기

[AI로 글쓰기]

Spacebar 를 누르면 다음과 같이
Notion AI 서비스 제공 목록이 나
타납니다.

[내용 작성]

Spacebar 를 누른 후 AI 초안 작성 리스트 중 선택하여 주제를 입력하고 Enter 를 누르면 선택
한 테마에 맞게 초안을 작성해 줍니다. 작성하는 동안 [다시 시도] 또는 [중지]를 선택할 수
있습니다. 완료 후에는 추가 키워드를 입력하여 다시 요청할 수 있고, [완료], [이어쓰기], [늘
러쓰기]와 같이 완료하거나 추가 편집할 수 있습니다.

[즐겨찾기에 추가]를 클릭하면 새로운 AI 블록을 만들 때 상단에 즐겨찾기 한 내용이 추가된
것을 확인할 수 있습니다. spacebar 입력 → [AI로 초안 작성], [시] 선택 → 주제는 '겨울'을
입력한 후 생성된 AI 응답입니다.

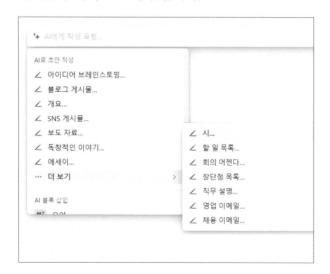

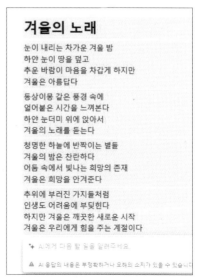

추가로 space 입력 → [AI로 초안 작성], [블로그] 선택 → 주제는 '커피의 종류'를 입력하여 AI 응답을 만들어 보겠습니다.

커피의 종류

소개

커피는 전 세계적으로 가장 인기 있는 음료 중 하나입니다. 그러나 커피의 종류는 매우 다양하며, 각각의 특징과 맛을 가지고 있습니다. 이번 블로그 게시물에서는 커피의 주요 종류를 설명하고, 각각의 특징과 인기 있는 음료를 소개하겠습니다.

에스프레소

에스프레소는 커피의 기본 형태로, 짧은 시간 동안 강력한 압력으로 추출됩니다. 이로 인해 진하고 집중된 맛과 향이 나타나며, 대부분의 커피 음료의 기반이 됩니다. 에스프레소는 주로 순수하게 마시지만, 아메리카노, 라떼, 카푸치노 등 다양한 음료로 변형될 수 있습니다.

드립 커피

드립 커피는 서서히 뜨거운 물을 커피 가루 위로 부어 추출하는 방식입니다. 이로 인해 부드럽고 깔끔한 맛과 향을 즐길 수 있으며, 일반적으로 일상적인 커피로 많이 마시는 종류입니다. 드립 커피는 필터 종류와 추출 시간 등에 따라 다양한 스타일로 즐길 수 있습니다.

카페인 음료

카페인은 커피의 가장 잘 알려진 성분 중 하나입니다. 많은 사람들이 커피를 마시는 이유 중 하나는 카페인의 효과 때문입니다. 에너지를 더해주고 집중력을 향상시켜주는 카페인은 주로 아메리카노, 라떼, 에스프레소 등 다양한 음료에서 찾아볼 수 있습니다.

결론

커피는 그 맛과 향으로 많은 사람들에게 사랑받는 음료입니다. 다양한 종류와 스타일의 커피를 즐길 수 있으며, 각각의 특징과 맛을 경험해보는 것은 커피를 좋아하는 사람에게 큰 즐거움이 될 것입니다. 커피를 마시며 새로운 맛과 향을 탐험해보세요!

[페이지 내에서 생성]

현재 페이지에 작성되어 있는 내용을 토대로 요약하기, 액션 아이템 찾기, 번역, 설명 기능을 제공합니다.

AI로 글쓰기
∠ 이어 쓰기

페이지에서 생성
≝ 요약하기 ↵
ᵒᵣ 액션 아이템 찾기
Aあ 번역 〉
? 설명

앞서 작성한 두 가지 주제의 콘텐츠로 페이지에서 생성한 AI 응답 결과입니다. ❶은 [요약하기], ❷는 [액션 아이템 찾기], ❸은 [설명], ❹는 [번역]의 명령 후 실행한 내용입니다.

❶ "겨울의 노래"은 차가운 겨울 밤과 아름다운 겨울의 풍경을 노래하며, "커피의 종류"는 커피의 다양한 종류와 특징을 설명하고 즐길 수 있는 음료를 소개합니다.

❷ ☐ "겨울의 노래"을 노래하며, "커피의 종류"를 소개하는 블로그 게시물 작성

❸ "겨울의 노래"은 차가운 겨울 밤과 아름다운 겨울의 풍경을 노래하며, "커피의 종류"는 커피의 다양한 종류와 특징을 설명하고 즐길 수 있는 음료를 소개합니다.

❹ **Winter Song**

On a cold winter night when snow falls
Covering the ground with white snow
Though the cold wind chills the heart

AI 목록에서만 선택할 수 있는 것은 아닙니다. 다음과 같이 해당 내용을 "표로 만들어 줘"라고 입력하면 그에 따른 응답을 확인할 수 있습니다.

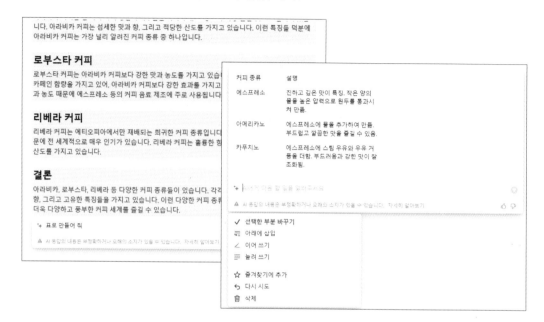

[편집 또는 검토]

편집 또는 검토 기능도 지원하고 어조 변경도 간단하게 처리할 수 있습니다.

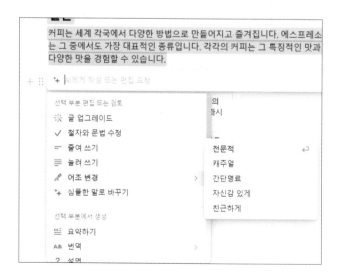

3 AI 블록

자주 사용하는 AI 기능의 경우 AI 블록을 삽입하여 내
용이 업데이트될 때마다 이용할 수 있습니다.

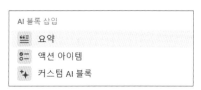

4 자동 채우기

노션 AI를 이용하여 데이터베이스 내용을 요약해 생성하고 작업을 추출하는 자동 채우기 기
능을 활용할 수 있습니다.

데이터베이스에서 [+] 버튼을 이용하여 [텍스트]
의 속성을 추가한 후 [AI 자동 채우기]를 선택합
니다.

다음의 [추천] 기능 중 원하는 기능을 선택합니다.

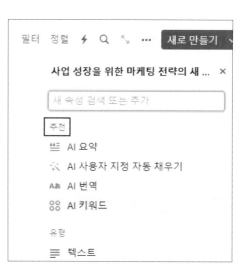

- **AI 요약** : 내용을 요약합니다.
- **AI 사용자 지정 자동 채우기** : 사용자가 지정한 내용에 따라 AI가 내용을 입력합니다.
- **AI 번역** : AI가 선택하는 언어로 번역합니다.
- **AI 키워드** : AI가 키워드를 제공합니다.

속성 유형 중 [다중 선택]의 [AI 키워드]를 이용해 보겠습니다.

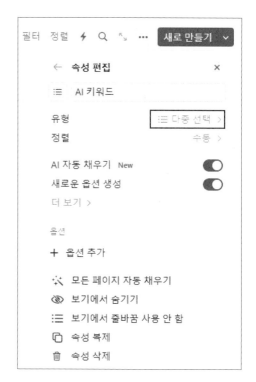

속성 이름을 [분류]로 수정하고, [더 보기]를 클릭하여 [페이지 편집 시 자동 업데이트]를 활성화해 줍니다. 페이지가 업데이트되고 5분 후에 업데이트됩니다. 수동으로 업데이트하려면 다음과 같이 해당 데이터의 지팡이 아이콘을 클릭하여 바로 업데이트할 수도 있습니다.

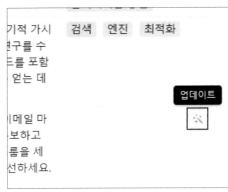

[이 보기에서 사용해 보기]를 클릭하여 내용을 확인합니다.

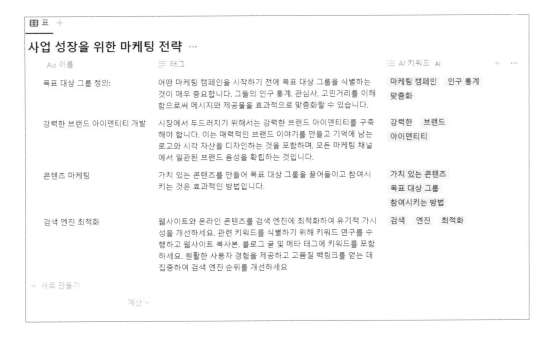

추가로 [AI 사용자 지정 자동 채우기]를 선택하여 "글머리 기호 목록으로 요약"해 달라고 명령해 보았습니다. 그런 다음 [모든 페이지 자동 채우기]를 선택하면 [텍스트] 항목이 다음과 같이 자동으로 채워집니다. [페이지 편집 시 자동 업데이트]를 클릭하고 [이름] 항목과 [태그] 열에 내용을 채워넣으면 이후 자동으로 내용이 업데이트된 것을 확인할 수 있습니다.

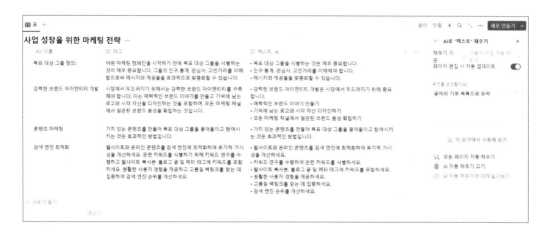

노션 캘린더

노션 캘린더는 노션과 동일하게 웹 브라우저에서 바로 사용이 가능하고, 데스크톱/모바일 앱에서도 사용할 수 있습니다(2024년 4월 기준으로 Android 모바일 앱은 출시되지 않았음). 노션 캘린더를 이용하기 위해서는 Google 계정이 필요합니다. 노션 캘린더에는 여러 개의 Google 계정을 연동할 수 있지만 5개 이하로 연동할 것을 권장합니다.

노션 캘린더는 모든 일정을 한눈에 파악할 수 있도록 구성되어 있기 때문에 타임라인과 연결되어 개인 일정과 업무 프로젝트 타임라인을 보면서 우선순위를 결정하여 업무를 진행할 수 있습니다. 또한 노션과 연동되어 있어서 노션 페이지에 일정뿐만 아니라 문서도 업로드가 가능합니다.

▲ 노션 캘린더 접속 모바일 화면

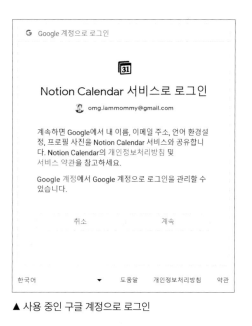

▲ 사용 중인 구글 계정으로 로그인

▲ PC에서 Notion Calendar 열기 클릭

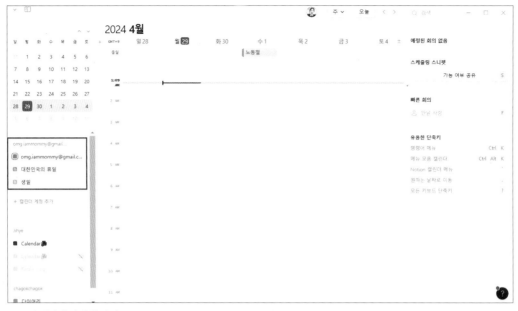

▲ 노션 캘린더 진입 첫 화면

PC 버전 화면의 경우 왼쪽 박스에서 Google 계정 추가가 가능합니다. 해당 계정에 연결된 캘린더를 숨기려면 옆의 눈 모양 아이콘을 클릭합니다. 각 캘린더의 이름 및 색상을 지정할 수 있습니다.

1 기본 캘린더 설정하기

[설정] → [캘린더] → [기본 캘린더]에서 원하는 캘린더를 선택합니다. 데스크톱에서는 왼쪽 사이드 바에서 캘린더 이름 옆에 있는 사각형을 클릭해도 기본 캘린더로 설정할 수 있습니다.

2 이벤트 추가하기

이벤트를 추가하면 기본 캘린더에 자동으로 추
가됩니다.

모바일의 경우 앱의 오른쪽 아래에 있는 [+]를 선택하고 이벤트 정보를 입력합니다. 이벤트
생성 완료를 위해 [완료]를 터치하거나 다른 참가자가 있다면 [초대 보내기]를 선택합니다.
캘린더 초대에 응답하려면 데스크톱에서는 이벤트를 우클릭하고, 모바일에서는 이벤트를
터치한 후 참석 여부를 선택합니다.
이벤트 만들기를 클릭하면 오른쪽 패널에서 편집할 수 있습니다.

▲ 오른쪽 패널 화면

❶ 이벤트 명을 입력하고 시간대를 설정합니다.

❷ 시간대를 기재해 줍니다. [종일], [반복] 옵션도 선택할 수 있습니다.

❸ [참가자] 옵션에서 해당 일정을 참고하는 다른 사용자가 있다면 추가할 수 있습니다.

❹ 다른 사용자를 추가하고, [초대장 보내기] 버튼으로 초대장을 발송할 수 있습니다.

❺ Google Meet, zoom 링크를 연결합니다.

❻ 위치 링크를 추가합니다.

❼ 관련 문서나 링크를 추가하는 동시에 지정하는 곳에 노션 하위 페이지를 만들 수 있습니다.

❽ 해당 이벤트를 설명합니다.

❾ 해당 이벤트의 캘린더 계정을 선택합니다.

❿ [바쁨] 또는 [가능] 옵션으로 선택합니다. [가능] 여부를 공유하여 빠르게 회의 일정을 잡을 수 있습니다.

⓫ 이벤트 정보를 [공개], [비공개]로 표시하여 다른 사람이 볼 수 있도록 하거나 참가자만 볼 수 있도록 지정합니다.

⓬ 이벤트의 리마인더를 설정합니다. 기본 이벤트 리마인더는 Google 캘린더에서 알림 설정되어 연동됩니다. 알림 설정은 Google 캘린더 설정에서 편집할 수 있습니다.

[설정] → [알림]에서 예정된 회의 알림을 설정할 수 있습니다. 참가자가 지정되어 있는 이벤트는 회의로 간주됩니다.

3 노션 캘린더와 노션 연결하기

노션 캘린더에서 [설정] → [노션]으로 이동합니다. [Notion 워크스페이스 추가]에서 [연결]을 클릭합니다. 액세스를 허용하여 API 통합이 성공하면 연결됩니다.

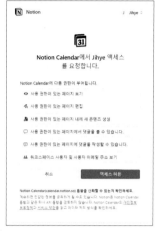

▲ [액세스 허용] 클릭

노션 캘린더의 왼쪽 사이드 바에서 캘린더에 표시하려는 워크스페이스의 데이터베이스를 선택합니다. 눈 모양을 체크 해제하면 해당 데이터베이스에 입력되어 있는 일정이 노션 캘린더에 표시됩니다. 또는 단축키 Command / Ctrl + K 를 입력한 후 [show Notion database]를 통해 원하는 워크스페이스의 원하는 데이터베이스를 선택하여 오픈할 수 있습니다. 노션 캘린더에는 데이터베이스를 최대 10개까지 추가할 수 있습니다.

노션 캘린더에서 Google 계정이 아닌 노션 데이터베이스에 이벤트를 추가하면 해당 노션 데이터베이스에 자동으로 연동되어 이벤트 및 일정이 추가됩니다. Google 계정에서 이벤트를 추가할 때와 다른 설정 화면이 패널에 보이는 것을 확인할 수 있습니다. '다이어리'의 드롭다운을 눌러서 Google 계정이 아닌 노션 데이터베이스를 선택하여 이벤트를 추가합니다.

왼쪽 사이드 바에서 '대한민국의 휴일' 및 '생일'을 불러와서 노션 캘린더에 표시할 수 있습니다. [생일]의 경우 Google 주소록에 등록된 사람들의 생일, 기념일, 기타 일정 날짜를 표시합니다.

STEP 08·4 노선을 다채롭게 사용할 수 있는 유용한 사이트

전 세계적으로 많은 사용자들이 노선을 이용하게 되면서 노선과 함께 사용할 수 있는 서비스가 많이 출시되었습니다. 그중에서도 노선 사용자들이 유용하게 사용할 수 있는 서비스 및 사이트들을 소개해 보겠습니다.

1 Indify

Indify는 필자의 Dashboard에도 추가되어 있는 날씨, 프로그레스 바, d-day 캘린더 위젯 등을 제공하는 서비스입니다. "Level up your Notion docs with widgets" 슬로건만 보아도 노선을 위해 탄생한 위젯 제공 서비스라는 것을 알 수 있습니다.

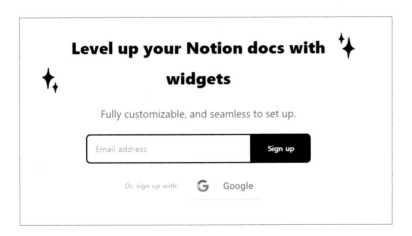

https://indify.co/에 접속한 후 Google 계정을 통해 로그인하면 이용할 수 있고, 계정당 11개의 위젯을 무료로 사용할 수 있습니다. 마음에 드는 위젯을 선택한 후 [Create widget]을 클릭한 다음 위젯 제목을 입력합니다. [Continue]를 사용하면 위젯에 따라 세부 내용을 설정할 수 있습니다. 완료되면 클립보드 아이콘을 클릭하여 복사하고 Notion 페이지에 붙여 넣은 후 [임베드 생성]을 클릭합니다. 크기와 위치도 조정할 수 있습니다.

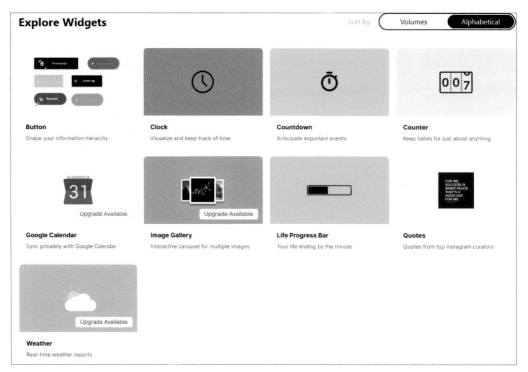

▲ Indify 위젯 종류

시연을 위해 clock 위젯을 함께 생성해 보겠습니다.

생성할 시계 위젯의 위젯 명을 입력하고 [Continue]를 클릭합니다.

타입 및 스타일에 대한 내용을 입력해 줍니다.

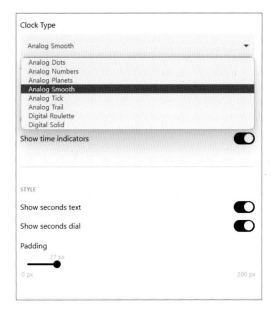
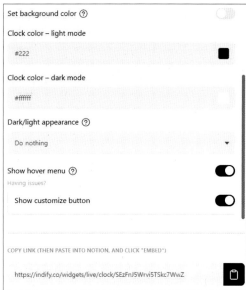

[COPY LINK]를 클릭하여 위젯의 URL을 복사하고 원하는 페이지에 붙여 넣습니다. [임베드 생성]을 클릭합니다.

▲ 노션 페이지의 원하는 곳에 붙여 넣고 [임베드 생성] 클릭

적당한 크기로 위젯을 조절해 주면 완성됩니다.

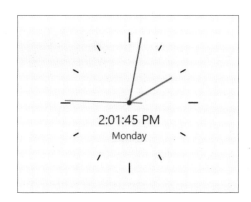

2 Hits

Hits 웹사이트에서 노션 페이지의 방문자 수를 확인할 수 있습니다. 원하는 노션 페이지에서
오른쪽 상단의 [공유] → [웹에서 공유]를 클릭하고 [웹 링크 복사]를 선택합니다.

▲ 클립 모양 클릭

https://hits.seeyoufarm.com에 접속하여 TARGET URL에 링크를 붙여 넣습니다.

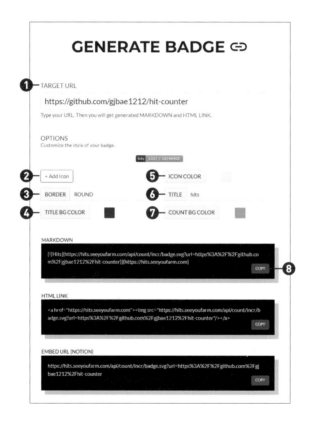

❶ **TARGET URL** : [웹 링크 복사]에서 복사해 온 URL을 입력합니다.

❷ **Add Icon** : 아이콘을 추가할 수 있습니다.

❸ **BORDER** : 테두리 스타일을 FLAT과 ROUND 중에서 선택할 수 있습니다.

❹ **TITLE BG COLOR** : title 부분의 배경색을 선택합니다.

❺ **ICON COLOR** : 글자색을 선택합니다.

❻ **TITLE** : title 부분의 텍스트를 지정합니다.

❼ **COUNT BG COLOR** : count 부분의 배경색을 선택합니다.

❽ **COPY** : [EMBED URL (NOTION)]에서 [COPY]를 클릭하여 링크를 복사합니다.

Notion 페이지에 붙여 넣은 후 [이미지 임베드]를 클릭합니다. 해당 이미지의 크기를 적절히 조절합니다. 아래 그림과 같이 임베드 블록 위치를 왼쪽, 중앙, 오른쪽 중 선택할 수 있습니다.

3 아이콘 및 아바타로 꾸미기

다음 웹사이트를 참고하여 노션 페이지를 다채롭게 꾸밀 수 있습니다.

- 노션 아이콘 추가 : https://uno.notion.vip/icons/
- 노션 스타일 아바타 만들기
  - https://notion-avatar.vercel.app/ko
  - https://cvbox.org/post/notion-avatar-color/
- 노션 템플릿 공유 사이트 : https://notionpages.com/

4 노션 템플릿 갤러리

Notion 공식 홈페이지에서 제공되는 템플릿 갤러리가 있습니다. 웹 브라우저에서 www.notion.so/를 주소창에 입력하면 자신의 노션 페이지로 접속되기 때문에 왼쪽 사이드 바에서 [템플릿]을 클릭한 후 [템플릿 더 보기]를 클릭하거나 https://www.notion.so/ko-kr/templates로 접속하면 바로 접속할 수 있습니다.

원하는 [템플릿] → 오른쪽 상단에 있는 [이 템플릿으로 시작]을 클릭하면 로그인되어 있는 Notion 워크스페이스로 해당 템플릿을 복사할 수 있습니다.

템플릿 갤러리 외에 다른 사용자의 노션 페이지를 복제하여 사용하고 싶을 경우 해당 사용자가 템플릿 공유를 설정해 두었다면 이 방법으로 페이지를 복제하여 사용할 수 있습니다. 복제 후 편집이 되지 않는다면 잠금 설정이 되어 있을 수 있으므로 [더 보기(…)]를 클릭하여 [페이지 잠금]이 되어 있는지 확인해 보길 바랍니다. 자주 업데이트되는 페이지이므로 다른 사용자들은 Notion을 어떻게 사용하고 있는지 다양한 아이디어를 얻을 수도 있습니다. 초반에는 한국어 사용자들의 템플릿이 먼저 배치되고, 뒤로 갈수록 다양한 국적의 사용자들의 템플릿도 볼 수 있습니다.

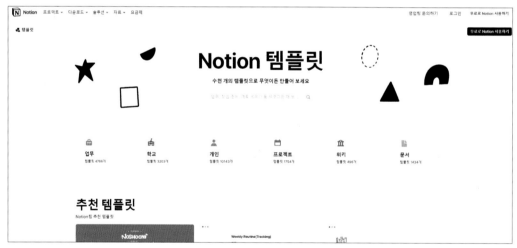

▲ Notion 공식 홈페이지에서 제공되는 템플릿 갤러리

자주 쓰는 단축키 및 명령어

● 기본 편집

단축키	내용
Command / Ctrl + +	확대하여 보기
Command / Ctrl + −	축소하여 보기
Command / Ctrl + Shift + U	상위 페이지로 이동하기
Option / Alt 를 누른 채 콘텐츠 드래그&드롭	페이지 콘텐츠 복제
Command / Ctrl + N (데스크톱 앱)	새 페이지 생성
Command / Ctrl + P 또는 Command / Ctrl + K	검색창을 열거나 최근에 본 페이지로 이동
Command / Ctrl + L	페이지 URL 복사
Command / Ctrl + [	이전 페이지로 이동
Command / Ctrl +]	다음 페이지로 이동
Command / Ctrl + Shift + L	다크 모드와 라이트 모드 간의 전환
Esc	현재 블록을 선택하거나 선택된 블록을 선택 해제
Shift + 마우스 휠	데이터베이스가 양 옆으로 길어졌을 때 좌우로 이동
Command / Ctrl + A	한 번 누르면 현재 커서 위치의 블록을 선택, 두 번 누르면 전체 콘텐츠 선택
Spacebar	이미지를 전체 화면으로 열거나 전체 화면을 종료
Shift + ↑ ↓	위/아래 블록을 함께 선택
Shift + 클릭	다른 블록과 그 사이의 모든 블록을 선택
Backspace 또는 Delete	선택한 블록 삭제
Command / Ctrl + D	선택한 블록 복제
Command / Ctrl + /	선택한 모든 블록을 다른 블록으로 전환
Command / Ctrl + Shift + ← ↑ ↓ →	선택한 블록 이동
Command / Ctrl + Option / Alt + T	모든 토글 목록을 펼치거나 닫기
Command / Ctrl + Shift + H	마지막으로 사용한 글자색이나 배경색 적용
Mac에서는 Ctrl + Command + Spacebar, Windows에서는 ⊞ + . 또는 ⊞ + ;	이모지 선택창

● 노션 블록

블록 명칭	명령	단축키
제목1	/제목1 또는 /#	Command / Ctrl + Option / Shift + 1
제목2	/제목2 또는 /##	Command / Ctrl + Option / Shift + 2
제목3	/제목3 또는 /###	Command / Ctrl + Option / Shift + 3
할 일 목록	[ ] + Spacebar	Command / Ctrl + Option / Shift + 4
글머리 기호 목록	* , + , − 다음 Spacebar	Command / Ctrl + Option / Shift + 5
숫자 매기기 목록	1 . , A . , I . 입력 후 Spacebar	Command / Ctrl + Option / Shift + 6
토글 목록	> 다음 Spacebar 또는 /토글	Command / Ctrl + Option / Shift + 7
인용 블록	/인용 또는 " 다음 Spacebar	Command / Ctrl + Option / Shift + 8
페이지	/페이지	Command / Ctrl + Option / Shift + 9
구분선	--- 입력	

그 밖의 콘텐츠 블록은 모두 슬래시(/) 입력 후 블록 이름을 입력하면 삽입할 수 있습니다.

● 텍스트 스타일

스타일	markdown	단축키 (텍스트를 선택한 후 입력)
굵게	텍스트 양 옆에 **를 입력	Command / Ctrl + B
기울임꼴	텍스트 양 옆에 *를 입력	Command / Ctrl + I
인라인	텍스트 양 옆에 `를 입력(숫자 키 1 왼쪽 기호)	Command / Ctrl + E
취소선	텍스트 양 옆에 ~를 입력	Command / Ctrl + Shift + S
밑줄		Command / Ctrl + U
링크		Command / Ctrl + K
들여쓰기		Tab 을 눌러 들여쓰기
내어쓰기		Shift + Tab
색 전환		/색
색 해제		/기본색

● @, [[, + 명령어

명령어	입력	기능	내용
@ 명령	@와 워크스페이스 멤버 명 입력	사용자 멘션하기	멘션된 사용자는 알림을 받습니다. 댓글에 유용한 기능입니다.
	@와 워크스페이스 내에 페이지 제목 입력	페이지 멘션하기	해당 페이지로 이동하는 인라인 링크를 생성합니다. 페이지 제목이 바뀌면 링크도 자동으로 바뀝니다.
	@와 날짜 입력	날짜 멘션하기	'어제', '오늘', '내일', '다음 주 수요일'과 같은 문구도 가능합니다.
	@ 리마인더 다음에 날짜 입력	리마인더 설정하기	나타나는 링크를 클릭하여 리마인더의 정확한 날짜와 시간을 지정할 수 있습니다. 지정한 시간에 설정한 대로 알림을 받게 됩니다.
[[명령	[[와 워크스페이스 내에 페이지 제목 입력	페이지 링크하기	해당 페이지로 이동하는 링크를 생성합니다.
	[[누른 후 [+ 새 하위 페이지 추가] 선택	하위 페이지 만들기	현재 페이지에 하위 페이지를 생성합니다.
	[[누른 후 [↗ 새 페이지 추가] 선택	다른 곳에 새 페이지 만들기	추가할 페이지를 검색하여 해당 페이지에 하위 페이지를 생성합니다.
+ 명령	[페이지 링크] 하단에서 선택	페이지 링크하기	해당 페이지로 이동하는 링크를 생성합니다.
	+ 누른 후 페이지 제목 입력하고 [+ 새 "OOO" 하위 페이지] 선택	하위 페이지 만들기	현재 페이지에 하위 페이지를 생성합니다.
	+ 누른 후 페이지 제목 입력하고 [↗ 새 "OOO" 페이지 추가] 선택	다른 곳에 새 페이지 만들기	추가할 페이지를 검색하여 해당 페이지에 하위 페이지를 생성합니다.

09

CHAPTER

나만의 노션 저널 완성하기

지금까지 노션 기능에 대해 학습했다면 이제 노션 저널 페이지를 만들어 보면서 하나씩 실습해 볼 차례입니다. '3장 노션 저널 시작하기'에서 사전 질문지에 답변하고 노션 저널 구성표로 작성한 내용을 바탕으로 노션 저널 페이지를 만들어 보겠습니다. 필자의 답변 내용을 중심으로 페이지를 작성하지만 노션에서 가장 많이 쓰이는 기능을 실습하기 좋은 템플릿만 모아서 구성해 보았습니다. 하나씩 만들어 가며 나만의 노션 저널 페이지는 어떻게 구성하는 것이 좋은지 아이디어를 얻고 적용해 보면서 실습하는 것을 추천합니다.

정리는 모든 사람이 똑같이 할 수 없고, 똑같아서도 안 된다.

더글러스 메릴(Douglas Merrill) (전 구글 최고정보책임자 겸 엔지니어링 담당 부사장)

나만의 노션 저널 완성하기

▲ 노션 저널 작성 과정 : 페이지 만들기

4~8장까지 노션의 기능에 대해 살펴본 내용을 토대로 '3장 노션 저널 시작하기'의 사전 질문지의 답변 페이지를 만들어 보겠습니다. 필자의 답변 내용을 토대로 페이지를 만들며 노션의 기능을 실습해 보는 시간을 가져봅니다. 각 페이지는 시연 영상도 제공합니다. 텍스트로는 설명이 부족할 수도 있으므로 영상을 참고할 것을 권장합니다. 노션의 각 기능 실습을 통해 자신이 사전 질문지에 답한 내용을 토대로 자기만의 노션 저널 페이지를 만들어 보도록 합니다.

Ｎotion Journal **사전 질문지 답변 예시**

① **당신이 가장 중요하게 생각하는 가치관은 무엇인가요? (가치)**
아무렇지 않아 보이는 일상의 힘을 믿자. Memento mori

② **현재 목표는 무엇인가요? (목표)**
출간하기, youtube하기

③ **매일 하고 있는 루틴은 무엇인가요? (실행)**
아침 : 가방 챙겨주기, 쌀씻기, 영양제, 부모님 연락/저녁 : 화분 물주기, 숙제 봐주기

④ **기념일이나 현재 정해져 있는 약속, 일정은 무엇인가요? (실행)**
1월 여행, 양가 부모님 생신, 아이 방학, 세미나, 교육, 개인 약속

⑤ **현재 처리하고 있는 일의 목록은 무엇인가요? (실행)**
아버지 생신 선물 정하기, 집수리 연락, 토요일 모임 장소, 당근마켓 찾으러 가기, 학원 간식 넣기, 병원 예약

---

⑥ 현재 취미 및 공부하고 있는 주제는 무엇인가요? (관리, 기록)

와인, 운동

⑦ 현재 추적하여 기록하고 있거나 앞으로 하고 싶은 분야는 무엇인가요? (관리, 기록)

가계부, 카드 혜택 관리, 맛집, 여행, 요리, 아이 장난감 정리, 습관 관리

⑧ 현재 하고 있는 일 중에 다른 사람과 나누어 관리하고 공유할 수 있는 일은 무엇인가요? (협업)

여행 계획, 캘린더 공유, 육아 일기

3장에서 작성했던 다음 노션 저널 페이지 구성표 중에서 선정하여 제작해 보겠습니다. 사전 질문지에는 답변 내용이 없었지만 노션을 통해 많이 제작하는 페이지를 제작해 볼 수 있도록 예시로 넣어두었습니다(* 표시 참고).

| 노션 저널 페이지 구성표 |

분류	설명	노션 저널 페이지 예시
가치	자신이 중요하게 여기는 가치관	'Today is' 페이지 상단에 고정
목표	이루고자 하는 현재 목표	버킷리스트*
		목표
실행	가치, 목표에 따른 세부 action plan, 루틴 실행	Today is(모든 실행에 관련된 내용이 모아진 허브 역할을 하는 페이지)
기록	기록해 나가고자 하는 내용	맛집 리스트
		여행 기록
		와인 로그
		짐싸기 체크리스트*
관리	정보를 가공하여 효율적으로 관리할 수 있도록 함	가계부
		카드 혜택
		레시피북
		장난감 지도
		운동
		habit tracker

분류	설명	노션 저널 페이지 예시
회고	자신이 해온 일들을 돌아보며 보상 및 성찰하고 목표나 실행 수정	회고 모음
		다이어리
협업	다른 멤버/게스트에게 일을 위임하거나 함께 실행	여행 계획
		Family calendar
		육아 일기
-	모든 페이지를 한곳에 모아보는 역할	대시보드

가치 페이지 예시 : Today is

필자의 사전 질문지 답변 예시는 다음과 같습니다.

> ① 당신이 가장 중요하게 생각하는 가치관은 무엇인가요? (가치)
>
> 아무렇지 않아 보이는 일상의 힘을 믿자. Memento mori

사전 질문지 ①의 내용은 매일 확인하는 실행 페이지인 Today is 페이지 상단에 기재해 둡니다. 자신의 가치관이나 매일 보고 상기하고 싶은 내용을 매일 확인하고 있는 '실행' 페이지 상단에 기재해 두면 자주 보면서 확인할 수 있습니다.

 Today is 페이지 만들기   실습 예제 시연 영상

실습 기능 : 콜아웃 블록

01 새 페이지를 엽니다.

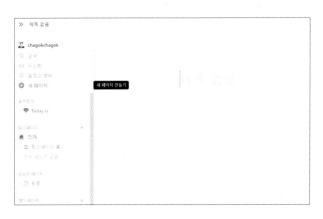

02 페이지 설정 옵션에서 페이지를 '전체 너비'로 설정해 줍니다.

03 적절한 커버 이미지 및 아이콘을 지정하고 Today is 페이지 제목을 입력합니다. ❶ '/콜아웃' 명령어를 통해 ❷ [콜아웃] 블록을 추가합니다.

04 내용을 채우고 서식을 편집합니다. ❶ 'My Value' 제목을 입력한 후 드래그한 다음 ❷ 편집 툴 바에서 '굵게, 기울임체'로 설정하고 ❸ 글자색을 '파란색'으로 설정해 줍니다.

05 ❶ '/인용' 명령어를 통해 ❷ [인용] 블록을 추가하여 내용을 입력해 줍니다.

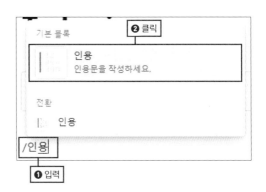

06 내용을 입력한 후 블록 핸들(⠿)을 드래그하여 'My Value' 아래쪽으로 이동시켜 줍니다. 이때 화살표 위치에 잘 맞추어 이동시켜야 [콜아웃] 블록 안으로 들어갑니다.

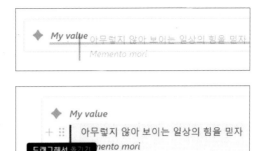

07 다음과 같이 완성되었습니다.

 노션 저널 유지하기

Value 내용이 변경되면 [인용] 블록의 텍스트를 간단히 수정하여 관리합니다.

목표 페이지 예시 : 버킷리스트

목표 페이지 하위에는 '버킷리스트' 페이지도 만들어서 관리할 수 있습니다. 버킷리스트와 목표(Goals)에는 각기 다른 내용이 들어갑니다. 버킷리스트는 죽기 전에 꼭 해보고 싶은 목록이라는 의미로, 2007년 롭 라이너 감독이 제작하고 잭 니콜슨과 모건 프리먼이 출연한 영화 「버킷리스트」 상영 후 널리 사용된 표현입니다. 중세 시대에 교수형을 집행할 때 죄수가 양동이에 올라간 후 양동이를 걷어차서 형을 집행했는데, 그 'kick the bucket'이라는 말에서 유래되었다고 합니다. 목표(Goals)는 프로젝트성으로 하나의 큰 과업을 향하는 것이고, 버킷리스트는 일회성 내용으로 작성합니다. 목표 섹션의 버킷리스트 페이지를 작성해 보겠습니다.

실습 버킷리스트 페이지 만들기

실습 예제 시연 영상

실습 기능 : 갤러리 보기 데이터베이스, 필터 기능

01 새 페이지를 추가한 후 적절한 커버 및 아이콘을 지정하고 페이지 제목을 입력합니다. ❶ '/갤러리' 명령어를 통해 ❷ [갤러리 보기]의 데이터베이스를 추가합니다.

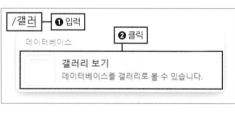

02 기존 데이터베이스에서 선택하지 않고 [+ 새 데이터베이스 생성]을 클릭하여 추가합니다.

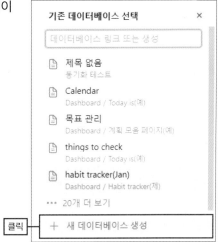

03 ❶ 데이터베이스 제목의 '제목 없음' 부분에 'Bucket list'로 데이터베이스의 제목을 입력하고 ❷ [페이지 1] 카드를 클릭하여 페이지를 엽니다.

04 갤러리 보기로 데이터베이스를 생성하면 [생성일], [태그] 속성이 자동으로 반영되고, 페이지의 내용에는 [할 일 목록] 블록이 반영됩니다. 이처럼 자동 적용되는 속성 및 페이지 내용을 바꾸어 보겠습니다.

05 [생성일] 속성을 클릭합니다.

06 ❶ [속성 편집]을 클릭하고 ❷ [유형]을 클릭한 후 '생성 일시'로 선택되어 있는 블록을 선택합니다.

07 [체크박스] 속성을 선택하고, 속성의 이름을 '생성일'에서 '완료'로 변경합니다.

08 페이지의 본문에 자동으로 입력되어 있던 내용을 모두 선택하여 삭제합니다.

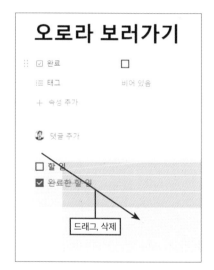

09 오로라 이미지를 넣어보겠습니다. ❶ '/이미지' 명령어를 통해 ❷ [이미지] 블록을 불러옵니다.

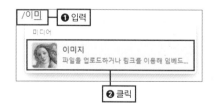

TIP
이미지 삽입 방법

이미지를 삽입하는 여러 가지 방법은 5장의 블록의 종류 - 이미지를 참고하길 바랍니다.

⑩ 이미지 블록을 선택하면 이미지를 삽입하는 여러 옵션이 나오는데, ❶ [Unsplash]를 클릭한 후 ❷ 'aurora'를 검색하여 이미지를 사용합니다.

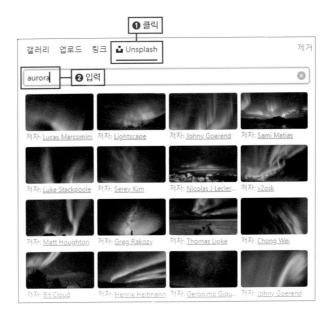

⑪ 페이지 콘텐츠 영역에 이미지가 삽입된 것을 확인할 수 있습니다.

⑫ ❶ […]를 클릭한 후 ❷ [속성]에서 ❸ 갤러리 보기에 숨겨져 있는 [완료] 속성의 눈동자를 클릭하여 표시합니다.

13 갤러리 보기에 [완료]라고 설정한 [체크박스] 블록이 표시되는 것을 확인할 수 있습니다.

14 ❶ [갤러리 보기]로 자동 반영된 이름을 클릭하여 ❷ 이름을 'list'로 바꾸어 줍니다.

15 완료한 버킷리스트를 완료 처리하도록 추가로 설정해 보겠습니다. [완료]를 체크하면 자동으로 갤러리 보기에서 사라지므로 [완료]라는 다른 데이터베이스 보기로 카드가 옮겨질 수 있도록 설정하면 됩니다. ❶ [list]를 클릭한 후 ❷ [복제]를 클릭합니다.

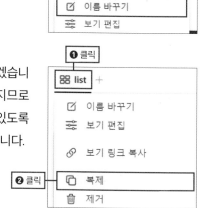

16 ❶ '완료'라고 이름을 바꾸어 주고 ❷ 적절한 아이콘을 삽입합니다.

 TIP

아이콘 목록 보기

▦을 클릭하면 선택할 수 있는 아이콘 목록이 나타납니다.

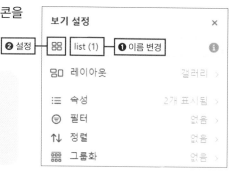

⑰ 데이터베이스에서 ❶ [필터]를 클릭한 후 ❷ 기준이 될 [완료] 속성을 클릭합니다.

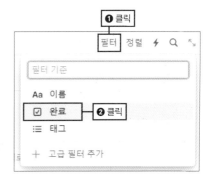

⑱ ❶ 체크 표시가 완료된 카드만 보일 수 있도록 ❷ [체크 표시됨]을 클릭하여 필터를 설정합니다.

⑲ list 데이터베이스에 필터를 적용하되, [체크 표시되지 않음]을 필터 기준으로 설정하면 아직 달성하지 않은 버킷리스트만 보여집니다.

20 다음과 같이 버킷리스트 페이지가 세팅되었습니다.

내용을 추가하려면 [+ 새로 만들기]를 클릭하여 버킷리스트 목록을 채워줍니다. 카드를 클릭하여 페이지 제목에 내용을 추가합니다. 달성하면 '완료'의 [체크박스] 속성에 체크하고, 체크되면 자동으로 '완료' 데이터베이스 보기에서 내용을 볼 수 있습니다. '회고 모음' 페이지의 '버킷리스트 완료' 섹션에 모이도록 [링크된 데이터베이스 보기] 기능으로 세팅해 두었습니다.

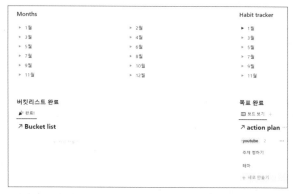

▲ '회고 모음' 페이지 화면

목표 페이지 예시 : 목표

필자의 사전 질문지 답변 예시는 다음과 같습니다.

> ② 현재 목표는 무엇인가요? (목표)
> 출간하기, youtube하기

현재 목표하고 있는 내용이 있다면 목표 페이지를 제작하여 활용합니다. 목표를 breakdown 하여 action plan 형태로 나누어 보고 타임라인 보기, 표 보기, 보드 보기 데이터베이스를 활용해 관리해 봅니다. 작성한 내용이 목표 페이지에만 있으면 매일 실행하기 어려울 수 있기 때문에 실행 페이지인 'Today is' 페이지에 연결합니다. 여기서는 목표 페이지만 제작하고, STEP 09-5에서 실행 페이지와 연결할 것입니다. action plan을 하나씩 달성할 때마다 목표 달성률을 확인할 수 있도록 합니다.

출간하기나 youtube하기와 같은 큰 목표를 작은 실행 단위인 action plan으로 분리해 줍니다. 현재 목표가 2개일 수도 있고 3개일 수도 있고 없을 수도 있습니다. 없는 경우 목표 페이지를 만들지 않습니다. 2개 기준으로 작성해 보겠습니다.

| action plan으로 나누기 |

youtube하기	주제 정하기		3일	
	테마 정하기		3일	
	대본 쓰기		7일	
	장소 섭외하기		3일	
	촬영		2일	
	편집		10일	
	업로드		1일	
출간하기	목차 정하기	7일	원고 작성	30일
	리서치	20일	검수	10일

목표 페이지 만들기

실습 기능 : 보드 보기 데이터베이스, 링크된 데이터베이스 보기, 타임라인 보기 데이터베이스, 데이터베이스 보기 추가

01 새 페이지를 추가한 후 적절한 커버 및 아이콘을 지정하고 페이지 제목을 입력합니다. 페이지 내용에 ❶ '/보드' 명령어를 통해 ❷ [보드 보기]의 데이터베이스를 추가합니다.

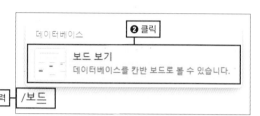

02 ❶ 데이터베이스의 제목을 action plan으로 입력합니다. 보드 보기 데이터베이스를 생성하면 ❷, ❸, ❹는 자동으로 설정됩니다.

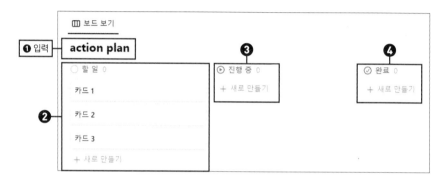

03 [카드 1]을 클릭하여 설정을 변경해 보겠습니다. 필요 없는 속성은 [속성 삭제]를 클릭하여 삭제하고, 추가가 필요한 속성은 [+ 속성 추가]를 클릭하여 추가합니다.

04 [텍스트], [선택], [체크박스] 블록을 추가하여 세팅합니다. '주제'는 [선택] 속성을 추가하여 '주제'라고 속성 이름을 변경하고, 'youtube'라는 태그를 추가합니다. [텍스트] 속성은 '내용'이라고 이름을 변경해 두었습니다.

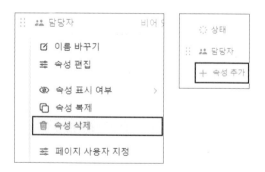

05 youtube 범주에 해당하는 action plan을 '할 일' 하단의 [+ 새로 만들기]를 클릭하여 모두 생성합니다.

06 또 다른 목표인 '출간하기'에 대한 action plan도 모두 추가합니다. 출간하기에 대한 action plan에서 '주제' 선택 항목은 '출간' 태그를 생성하여 입력합니다.

07 ❶ 보드 보기의 [⋯]를 클릭하여 ❷ 그룹화의 '상태' 부분을 '주제'로 바꾸어 줍니다.

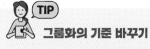

TIP

그룹화의 기준 바꾸기

보드 보기에서는 그룹화의 기준이 [상태] 속성으로 세팅되어 있으므로 '주제'가 그룹화 기준이 되도록 수정해 주면 됩니다.

08 [선택] 속성인 '주제'를 기준으로 변경된 것을 확인할 수 있습니다.

09 ❶ […]를 클릭한 후 ❷ 레이아웃에서 보드 보기에 대한 설정을 변경할 수 있습니다. ❸ 열 배경색을 활성화하여 태그 색상이 열 배경색으로 옅게 깔리도록 설정해 봅니다.

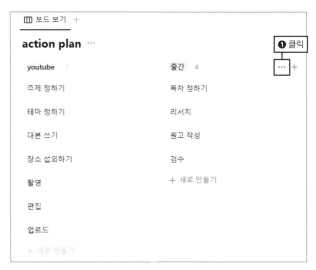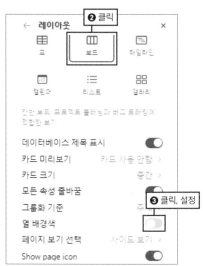

▲ 보드 보기 레이아웃 편집 화면

10 주제별로 표 보기와 타임라인 보기를 통해 목표별 action plan의 흐름을 잘 파악하도록 세팅해 보겠습니다. ❶ '/링크' 명령어를 입력하여 ❷ [링크된 데이터베이스 보기]를 선택합니다. 이는 워크스페이스에서 생성한 데이터베이스를 불러오는 기능입니다.

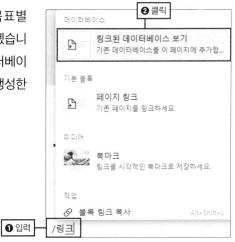

11 해당되는 데이터베이스를 클릭합니다(action plan).

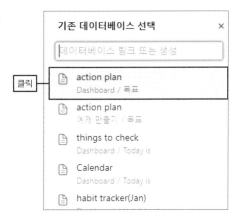

12 ❶ [보드 보기]를 클릭하고 ❷ [보기 편집]을 클릭한 후 ❸ 레이아웃을 '보드'에서 '타임라인'으로 변경합니다.

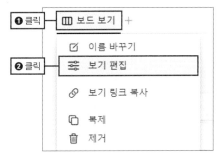

13 ❶ 레이아웃에서 [타임라인 보기] 속성을 클릭합니다. ❷ [표 보기]를 활성화해 둡니다. [날짜] 속성을 추가하지 않았기 때문에 날짜를 추가해 보겠습니다. [날짜] 속성은 ❸ [타임라인 표시 기준]에서 선택할 수 있습니다. 타임라인 보기는 [날짜] 속성으로 관리합니다.

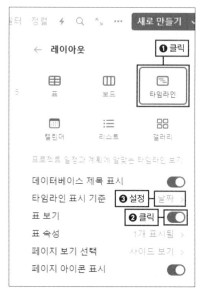

▲ 타임라인 보기 레이아웃 편집 화면

14 오늘 날짜에 마우스 커서를 갖다 대면 회색 음영의 '테마 정하기'와 같이 시작일과 종료일을 설정할 수 있는 영역이 나타납니다. 해당 action plan의 시작일과 종료일을 지정해 봅니다.

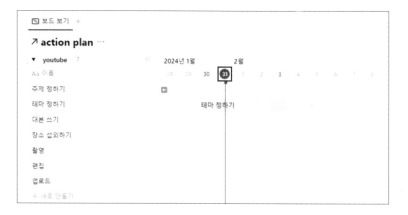

15 클릭한 후 '테마 정하기' 페이지를 열어보면 [날짜] 속성에 지정한 시작일과 종료일이 반영된 것을 확인할 수 있습니다.

16 action plan별로 시작일과 종료일을 모두 설정해 줍니다.

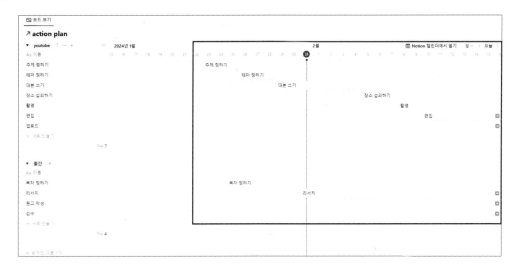

TIP
단축키 사용하기

양 옆으로 데이터베이스가 길어질 경우 Shift 를 누르면서 마우스 커서를 움직이면 편리합니다.

17 ❶ [+]를 클릭하면 '새 보기'라는 제목으로 데이터베이스 형태를 추가할 수 있는 목록이 나타납니다. ❷ 오른쪽에서 'action plan'을 검색하여 데이터베이스 보기 형태를 추가해 줍니다.

⑱ [새 보기 추가]를 클릭한 후 [표]를 클릭하여 표 보기 데
이터베이스 형태를 추가해 줍니다.

⑲ ❶ [⋯]를 클릭하고 [새 보기 추가]를 통해 ❷ [표]를 선
택한 후 ❸ 보기의 이름을 입력합니다.

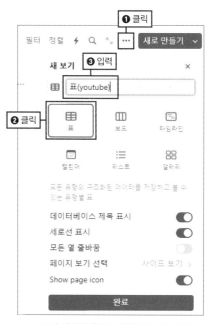

▲ 표 보기 데이터베이스 레이아웃 편집 화면

모든 열 줄바꿈 처리

[모든 열 줄바꿈]을 활성화했을 때 텍스트가 길어지면
해당 행의 줄이 다음 줄로 내려가 행마다 높낮이가 달라
질 수 있습니다. 텍스트 길이에 상관없이 높낮이를 동일
하게 보고 싶으면 이 부분을 비활성화해 주면 됩니다.

⑳ action 하위 항목을 설정해 보겠습니다. 표의 [⋯]를 클릭하고 [하위
항목]을 클릭하여 [켜짐]을 활성화합니다. 페이지 제목에 회색 화살
표가 활성화된 후 하위 항목을 추가하고자 하는 페이지에서 회색 화
살표를 누르면 하위 항목을 추가할 수 있습니다.

㉑ '장소 정하기', '대관하기'라는 하위 항목을 각각 추가하여 알맞은 속성을 선택합니다.

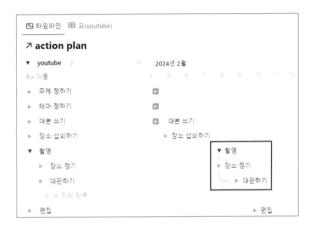

㉒ 타임라인 보기에서 화살표로 각각 종속되어 있음을 확인할 수 있습니다.

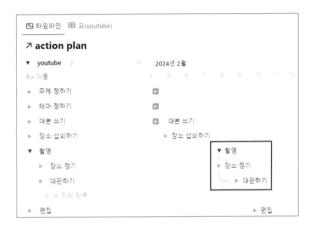

㉓ [표 보기]를 클릭한 후 유튜브 주제에 해당하는 내용만 보기 위해 [필터]를 클릭하여 '주제'를 'youtube'로 설정합니다.

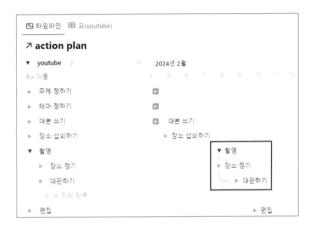

24 열을 드래그하여 순서를 바꾸거나 너비를 조정할 수 있고, ❶ 해당 속성을 클릭하여 ❷ '보기에서 숨기기'로 속성을 숨길 수도 있습니다. 숨기더라도 삭제된 것이 아니기 때문에 필요할 때 다시 꺼내놓을 수 있습니다. 이를 바탕으로 표(출간) 또는 타임라인(출간) 형태를 만들어 관리할 수도 있습니다.

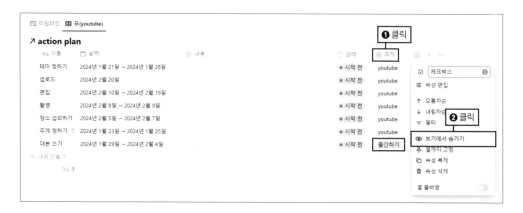

TIP

표(출간) 또는 타임라인(출간) 데이터베이스 보기 만들기

[+] 새 보기 추가를 통해, 주제가 '출간하기'인 데이터베이스 보기를 만들 수 있습니다. '출간하기' 주제 속성만 보여지도록 필터를 적용하고, 레이아웃을 표 보기 형태로 적용하거나 타임라인 보기 형태로 적용하여 만들 수 있습니다.

25 [상태]를 '완료'로 체크하면 전체 목표 달성률을 자동 계산할 수 있도록 해보겠습니다.

26 [상태] 속성 맨 아래쪽의 ❶ [계산]을 클릭하면 옵션이 나타납니다. ❷ [그룹별 퍼센트] → ❸ [Complete]을 클릭하면 [완료] 상태인 데이터의 퍼센트를 자동 계산할 수 있습니다. 목표에 대한 action을 달성할 때마다 [완료]를 체크하고 전체 목표에 얼만큼 도달했는지 확인할 수 있습니다.

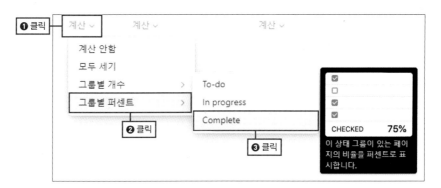

🖥️ **노션 저널 유지하기**

목표에 따른 action plan을 추가하려면 페이지를 추가하여 관리해 줍니다. 목표 자체를 추가하고 싶다면 주제 항목(선택 속성)에 태그를 추가해 주고, 목표에 따른 세부 action plan을 세운 후 타임라인 보기에서 시작일과 종료일을 지정한 다음 내용을 추가하여 관리해 줍니다.

필자의 사전 질문지 답변 예시는 다음과 같습니다.

③ 매일 하고 있는 루틴은 무엇인가요? (실행)

　아침 : 가방 챙겨주기, 쌀씻기, 영양제, 부모님 연락/저녁 : 화분 물주기, 숙제 봐주기

④ 기념일이나 현재 정해져 있는 약속, 일정은 무엇인가요? (실행)

　1월 여행, 양가 부모님 생신, 아이 방학, 세미나, 교육, 개인 약속

⑤ 현재 처리하고 있는 일의 목록은 무엇인가요? (실행)

　아버지 생신 선물 정하기, 집수리 연락, 토요일 모임 장소, 당근마켓 찾으러 가기, 학원 간식 넣기, 병원 예약

실행 페이지를 만들어 보겠습니다. 실행 페이지는 하고 있는 모든 일들의 허브 페이지로, 할 일이 누락되지 않도록 하는 것이 목표입니다. 허브 역할을 하는 페이지이기 때문에 링크된 데이터베이스 기능도 활용합니다. Today is의 왼쪽 섹션의 경우 사용자의 선호에 따라 다른 내용을 추가해도 좋습니다. 필자가 실행 페이지를 사용해 오면서 유용하게 썼던 내용을 토대로 작성해 보겠습니다.

❶ 이 달에 특히 집중해야 하는 일이 있으면 적어 둡니다.

❷ 어느 페이지에도 속하지 않지만 빨리 메모해야 하거나 아직 페이지를 만들어 두지 않았지만 기록해 나가고 싶은 내용을 적어 둡니다.

❸ 잊지 않고 체크해야 하는 페이지를 링크해 둡니다.

❹ 잊기 쉬운 내용들을 따로 정리해 둡니다.

❺ 아침이나 저녁에 잊지 않고 챙겨야 하는 일들을 적어 둡니다.

❻ 실행하면 좋은 자기 계발 습관을 관리하는 항목으로, 체크하면 아래쪽 원그래프가 채워 지도록 설정해 두었습니다. habit tracker 페이지는 예시로 제작하지 않고 템플릿이 제공 됩니다.

실습 Today is 페이지 만들기

실습 예제 시연 영상

실습 기능 : 콜아웃 블록, 페이지 링크, 코드 블록, 토글 블록, 링크된 데이터베이스 보기, 수학 공식 블록, 캘린더 보기 데 이터베이스, 데이터베이스 보기 추가, 템플릿, 필터, 정렬, 보드 보기 데이터베이스

01 새 페이지를 추가한 후 적절한 커버 및 아이콘을 지정하 고 페이지 제목을 입력합니다. 페이지 내용에는 ❶ '/열' 명령어를 입력한 후 ❷ [2개의 열]을 클릭하여 페이지의 단을 나누어 줍니다.

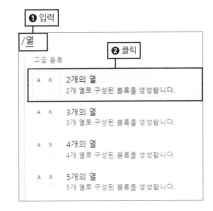

02 ❶, ❸ [콜아웃] 블록을 추가하고 202페이지에서 살펴보았던 1번, 2번에 해당하는 내용을 입력합 니다. ❷ 콜아웃 블록을 벗어나지 않도록 아래쪽에 Shift + Enter 를 이용하여 줄바꿈해 내용을 입 력합니다. 열이 나누어진 경우 ❹ 막대를 드래그하여 너비를 조절할 수 있습니다. 왼쪽으로 막대를 이동합니다.

03 복제하고자 하는 블록 앞의 블록 핸들을 클릭하여 [복제]를 클릭한 후 총 6개의 콜아웃 블록이 되도록 만듭니다.

04 202페이지에서 살펴보았던 내용 중 3번 항목을 작성해 보겠습니다. 콜아웃 블록 안에 STEP 09·3에서 만들어 두었던 '버킷리스트' 페이지를 링크해 두고 클릭하면 해당 페이지로 이동할 수 있습니다. [페이지 링크]를 클릭한 후 링크하고자 하는 페이지를 검색합니다.

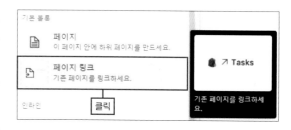

05 링크가 벗어난 경우 콜아웃 블록 안으로 드래그하여 이동합니다.

 TIP

Regular check needed

버킷리스트나 회고모음 외에도 정기적으로 체크하고 싶은 페이지가 있다면 이 섹션에 페이지 링크를 걸어주세요.

06 202페이지의 4번 항목과 같이 ❶ 원하는 텍스트를 드래그하고 해당 영역만 색상을 바꿉니다. ❷ 편집 툴 바를 이용하여 글자색을 빨간색으로 변경해 봅니다.

07 ❶ '신한' 텍스트만 드래그하여 인라인 처리해 ❷ 편집 툴 바를 이용하여 텍스트를 강조할 수도 있습니다.

08 202페이지 5번 항목 루틴에 [토글] 블록을 통해 내용을 작성한 후 토글 안으로 숨겨 보겠습니다. 콘텐츠가 길어지는 것을 방지하고 깔끔하게 정리할 수 있습니다.

09 오른쪽 옆에 내용을 입력해 보겠습니다. 먼저 수학 공식 블록을 활용하여 텍스트와 선을 넣어 페이지를 꾸밉니다.

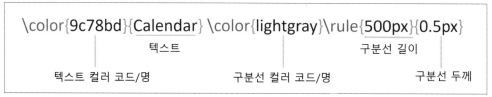

 TIP **수학 공식 블록을 이용한 텍스트 꾸미기**

각 구역별로 값을 달리하여 색상을 바꾸거나 텍스트를 바꾸는 등 편집하여 사용할 수 있습니다.

10 수학 공식 블록 아래쪽에 캘린더 데이터베이스를 삽입해 보겠습니다. ❶ '/캘린더' 명령어를 통해 ❷ [캘린더 보기]의 데이터베이스를 추가합니다. 캘린더 보기 데이터베이스를 통해 일정을 관리합니다.

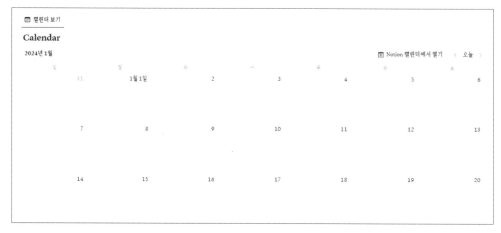

⑪ [+] 버튼을 클릭하면 해당 날짜의 페이지가 추가되고 아래와 같이 페이지 제목, 내용을 입력할 수 있는 창이 나타납니다. 캘린더 보기는 기본적으로 [날짜]와 [다중 선택] 속성으로 세팅되어 있습니다. 노션 저널 다이어리에서는 두 속성 모두 사용하기 때문에 속성을 삭제하지 않고, [+ 속성 추가]를 통해 [URL] 속성만 반영합니다. 장소의 링크를 삽입해야 할 때 사용합니다.

▶ 캘린더 보기 데이터베이스 생성 시 세팅되는 기본 화면

⑫ 태그는 'me', 'family'로 추가해 두었고, 뒤의 STEP 09·12 family calendar 협업 페이지 예시에서 가족들과 해당 캘린더를 공유할 때 'family' 태그에 해당되는 일정만 보여지도록 설정할 예정입니다.

TIP

캘린더 태그 설정

me, family 외에도 지정하고 싶은 태그를 자유롭게 설정해 보세요.

⑬ ❶ 캘린더 데이터베이스로 나와서 (⋯) 더 보기를 클릭한 후 레이아웃을 클릭해 줍니다. ❷ 캘린더 표시 기준은 '월', '주' 중에서 선택할 수 있는데, '주'를 선택할 경우 일주일 기간의 데이터만 보여집니다.

▲ 캘린더 보기 레이아웃 편집 화면

14 ❶ [캘린더 보기]를 클릭한 후 [복제]하여 ❷ 보기 이름을 'by week'로 변경해 줍니다.

15 한 달에 한 번 매월 초에 회고할 수 있도록 일정에 추가해 보겠습니다. 템플릿 반복 기능을 통해 해당 시간이 되면 자동으로 페이지가 추가될 수 있도록 설정할 수 있습니다. ❶ [새로 만들기] → ❷ [+ 새 템플릿]을 클릭하여 템플릿을 생성합니다.

▲ 데이터베이스 우측 상단

16 ❶ 페이지 제목은 '회고'로 입력하고, ❷ [날짜] 속성을 클릭하여 ❸ [오늘 - 복제하는 날짜]로 설정합니다. ❹ 페이지 콘텐츠 부분에 [체크박스] 블록을 추가한 후 '완료!'라고 입력합니다. ❺ [← 뒤로] 버튼을 클릭하여 템플릿 편집을 마무리합니다.

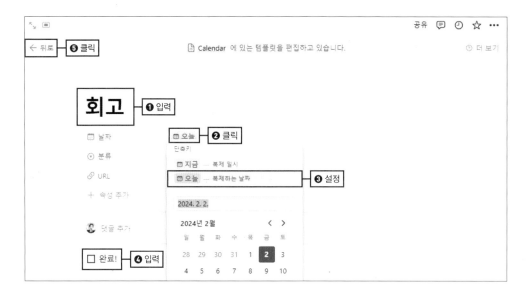

17 캘린더 데이터베이스 오른쪽 상단에 ❶ [새로 만들기]를 클릭하면 '회고'라는 템플릿이 만들어진 것을 확인할 수 있습니다. '회고' 템플릿 오른쪽의 ❷ […]를 클릭한 후 ❸ [반복]을 클릭합니다.

18 [매월]을 클릭하여 ❶ [시작]을 '2024년 2월 2일(금)', ❷ [생성 일시]를 '오전 12:00'으로 설정하고 ❸ [저장]을 클릭하면 [시작] 날짜를 기준으로 1개월 단위로 해당 일시에 '회고'라는 페이지가 자동 생성됩니다.

19 이번에는 캘린더 아래쪽에 things to check 섹션을 추가해 보겠습니다. 사전 질문지 5번 '현재 처리하고 있는 일의 목록은 무엇인가요?' 답변 내용을 적는 섹션으로, 그때 그때 처리해야 할 일을 적어 두고 챙기는 용도입니다. '/표' 명령어를 통해 [표 보기]의 데이터베이스를 추가하고 제목을 'things to check'로 입력합니다.

20 [표 보기]는 기본적으로 [다중 선택] 속성으로 세팅되어 있습니다. [다중 선택] 속성을 삭제하고 [선택], [체크박스], [텍스트] 속성으로 세팅합니다. [다중 선택] 속성으로 관리하게 되면 task(여기서 task는 '집수리 연락')에 태그가 여러 개 적용되어 태그를 지정하는 의미가 없어지기 때문입니다.

 TIP

선택과 다중 선택 속성의 차이

5장에서 살펴본 바와 같이 [선택] 속성은 1개의 태그만 지정할 수 있고, [다중 선택] 속성은 여러 개의 태그를 지정할 수 있습니다. 1개의 태그만 지정할 수 있는 [선택] 속성을 사용하여 한 개의 task에는 1개의 태그만 지정할 수 있도록 합니다.

21 추가된 속성의 이름을 변경해 줍니다. ❶ [텍스트] 속성은 ❷ '내용'으로 변경하고, [태그]로 자동 반영된 이름도 '유형'으로 변경하고, [체크박스]도 'done'으로 변경합니다.

22 [선택] 속성인 '유형'을 지정해 보겠습니다. '유형' 열을 클릭하면 태그를 생성할 수 있는 필드가 나타납니다. ❶ [유형]을 클릭하고 ❷ 아래 내용을 참고하여 '1'을 입력한 후 ❸ [생성] 필드에 음영으로 나타난 '1'을 클릭하면 태그가 새롭게 생성됩니다.

> **<CHAPTER 3. 노션 저널 시작하기에서 제시했던 태그 예시>**
>
> **1** : 1순위로 급하게 할 일
>
> **T** : 짬 나면 바로 할 일
>
> **M** : 아침에 해야 할 일
>
> **N** : 밤에 할 일
>
> **W** : 주말/휴가 때 해야 할 일
>
> **P** : 나는 완료했고, 다른 사람 확인이 필요한 일

23 이와 같은 방식으로 자신의 상황에 맞게 지정한 태그를 모두 생성해 줍니다. 1, T, M, N, W, P 태그를 모두 생성해 주었습니다.

㉔ 모든 task를 적절한 태그를 반영하여 입력합니다.

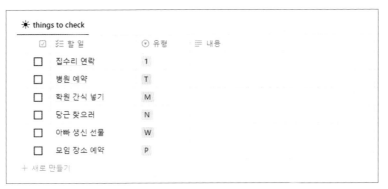

▲ task별로 태그를 반영한 모습

㉕ 가장 빠르고 중요하게 처리해야 하는 태그 순으로 자동으로 정렬되도록 지정합니다. 데이터베이스에 마우스 커서를 갖다 대고 ❶ [정렬]을 클릭한 후 ❷ [태그]를 클릭합니다.

㉖ 태그 순서대로 [오름차순]으로 정렬되도록 설정합니다. 태그 순서는 블록 핸들(⁝⁝)을 드래그하여 자유롭게 바꿀 수 있습니다.

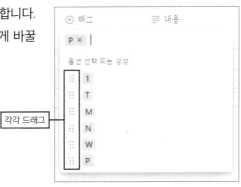

27 이번에는 할 일을 완료했을 때 맨 왼쪽에 있는 체크박스를 체크하고, 체크박스를 클릭하면 리스트에서 보이지 않도록 설정해 보겠습니다. ❶ [표 보기]를 클릭하여 ❷ [복제]한 후 ❸ 'things to check'로 이름을 변경합니다. 기존 '표' 보기는 전체 리스트이므로 'list'라는 이름으로 지정했습니다. 복제한 'things to check' 보기는 필터를 사용하여 ❹ done [체크박스] 속성에 '체크 표시되지 않음'을 클릭하여 체크되지 않은 내용만 남겨두도록 합니다.

28 그렇게 되면 '집수리 연락'을 체크했을 때 'things to check' 표 보기에서는 사라지게 됩니다. 'list' 즉 전체 task가 나열되어 있는 표 보기 데이터베이스 원본에서는 체크표시를 했더라도 남아있게 됩니다. Today is 페이지의 마지막 섹션은 action plan 데이터베이스를 링크하여 가져와 보겠습니다. 데이터베이스 링크 기능을 통해 action plan을 가져오면 됩니다. things to check 표 아래쪽에 /링크된 데이터베이스 보기를 입력합니다.

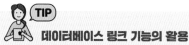 **TIP**

데이터베이스 링크 기능의 활용

목표에 따라 action plan을 나누었지만 별도 페이지로 관리하게 되면 여러 페이지를 왔다 갔다 하면서 체크하기 번거롭기 때문에 허브 페이지인 Today is 페이지로 가져와서 관리합니다.

29 ❶ […]를 클릭하여 보드 보기 형태로 불러온 내용을 ❷ 레이아웃에서 [표]로 설정합니다.

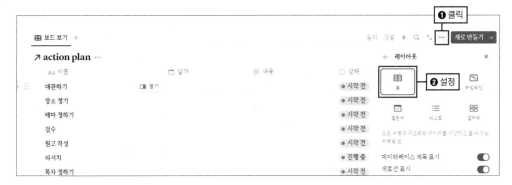

30 열의 순서와 너비를 편집하게 편하게 정돈합니다.

31 action plan에서 [상태]가 현재 '진행 중'인 내용만 보이도록 합니다. [필터]를 클릭하여 [상태] 속성 중 '진행 중'인 내용만 보이도록 설정합니다. 진행 중인 action plan에서 오늘 할 일은 [체크박스]를 통해 체크합니다. action plan에 여러 개의 일이 진행 중이더라도 우선순위에 따라 하루에 1~2개의 일에만 집중하도록 합니다.

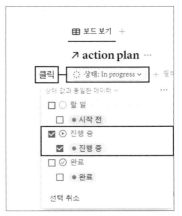

▲ '진행 중'인 페이지만 보이도록 필터 설정

action plan 고밀도 시간에 활용하기

action plan은 50페이지에서 다루었던 것처럼 고밀도 시간에 할 수 있는 일이 대부분입니다. 길게 집중할 수 있는 시간에 처리하고, 맨 왼쪽 체크박스에 오늘 할 일을 체크해 두고 하루에 3개 이상 넘지 않도록 집중하는 것을 권장합니다.

32 완성된 Today is 페이지입니다.

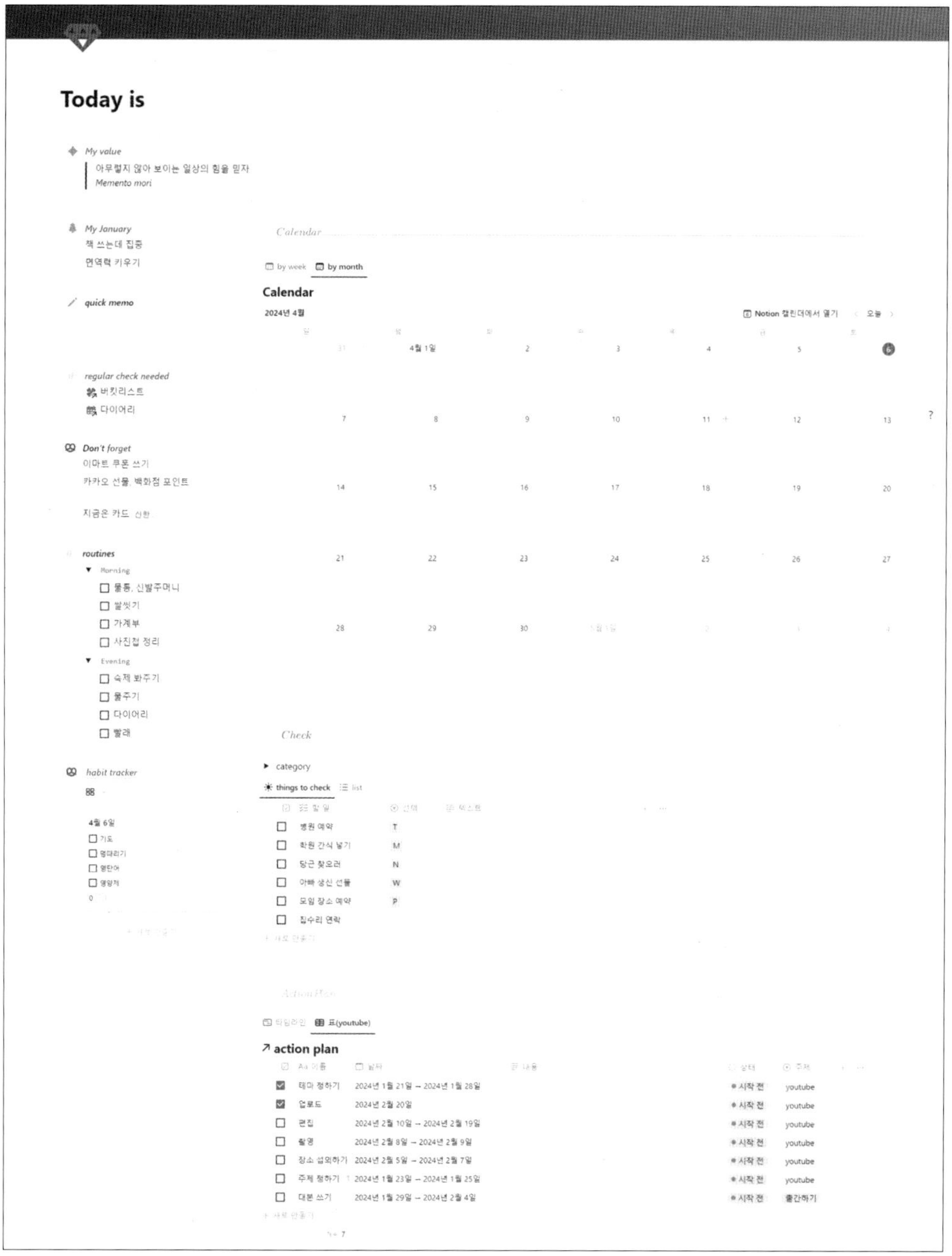

노션 저널 유지하기

왼쪽 열 내용들은 상황에 맞게 다양한 섹션을 추가하여 관리할 수 있습니다. Calendar 보기에서 month 또는 week 보기로 변경하여 일정을 체크할 수 있고, things to check 섹션의 태그도 자신의 상황에 맞게 편집하여 관리할 수 있습니다.

기록 페이지 예시 : 와인 로그

STEP 09·6

필자의 사전 질문지 답변 예시는 다음과 같습니다.

> ⑥ 현재 취미 및 공부하고 있는 주제는 무엇인가요? (관리, 기록)
>
> 와인, 운동

 와인 로그 만들기

실습 예제 시연 영상

실습 기능 : 열 나누기, GIF 삽입, 갤러리 보기 데이터베이스

01 새 페이지를 추가한 후 적절한 커버 및 아이콘을 지정하고 페이지 제목을 입력합니다. ❶ '/2열' 명령어를 통해 ❷ [2개의 열]을 추가하여 페이지의 단을 나누어 줍니다.

02 '/이미지' 명령어를 통해 이미지 블록을 불러옵니다. 이미지 블록을 선택하면 나오는 여러 옵션 중 ❶ GIPHY를 클릭한 후 ❷ 'wine' 키워드로 검색하여 GIF 파일을 넣습니다.

03 다음과 같이 GIF 파일이 삽입되었습니다. GIF 파일의 오른쪽 막
대를 드래그하여 크기를 알맞게 조절해 줍니다.

04 오른쪽에는 '/갤러리' 명령어를 통해 [갤러리 보기]의 데이터베이스를 추가합니다. ❶ 보기 이름을
'갤러리 보기'에서 원하는 이름으로 변경합니다. ❷ 데이터베이스 이름을 '제목 없음'에서 '와인 로
그'로 설정했습니다.

▲ 갤러리 보기 데이터베이스 생성 시 세팅되는 기본 화면

05 [페이지 1] 카드를 클릭하여 데이터를 입력합니다. 페이지 제목에 와인 이름을 입력하고, 와인 로
그에 사용할 속성들을 편집 및 추가해 줍니다. 속성 편집은 아래 박스 내용을 참고하길 바랍니다.

<속성 편집 내용>

[텍스트] 속성 : 추가하여 '와인' 이름으로 변경한 후 와인 영어 명칭을 입력해 줍니다.

[다중 선택] 속성 : 추가하여 '분류' 이름으로 변경한 후 레드, 화이트, 내추럴, 로제 등으로 태그를 생성해 줍니다.

[URL] 속성 : 추가하여 참고할 만한 웹브라우저 URL을 입력해 줍니다.

[선택] 속성 : 추가하여 '바디' 이름으로 변경하고, 포도 이모티콘을 평점 형태로 나타내 주겠습니다.

[선택] 속성 : 다시 추가하여 '당도'로 이름을 변경하고, '바디'와 동일하게 이모티콘을 추가하여 평점 형태로 나타내 줍니다.

[텍스트] 속성 : 추가하고 '한 줄'로 이름을 변경합니다.

---

06 페이지 영역에 ':포도'라고 입력한 후 포도 이모티콘을 복사하여 [바디] 선택 속성에 다섯 번 붙여 넣습니다.

07 ❶ 복사한 후 붙여넣기해서 태그를 여러 개 생성해 줍니다. ❷ 붙여넣기한 후 클릭하여 태그를 생성합니다. 같은 방법으로 2개, 3개, 4개의 태그를 생성해 둡니다.

08 다음과 같이 한 개의 카드, 즉 페이지에 데이터를 모두 넣었습니다.

09 인터넷에서 와인 이미지를 검색하여 '이미지 주소 복사'를 통해 URL을 복사한 후 페이지의 커버에 넣습니다. ❶ [커버 추가]를 클릭한 후 [커버 변경] → ❷ [링크]를 클릭하여 ❸ URL을 붙여넣기 하고 ❹ [제출]을 클릭하면 커버에 이미지가 반영됩니다.

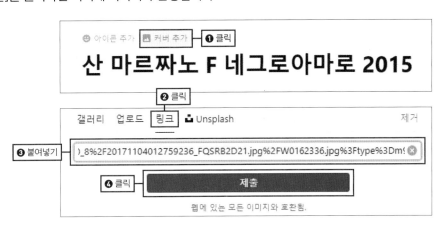

10 데이터베이스 오른쪽 상단의 (⋯) 더 보기를 클릭한 후 [레이아웃]에서 ❶ [카드 미리보기]를 '페이지 커버'로 선택하고, ❷ [이미지 맞추기]를 활성화하면 이미지가 섬네일 형태로 보여지게 됩니다.

▲ 갤러리 보기 레이아웃 편집 화면

⑪ [보기 설정]의 [속성]에서 갤러리 보기에서 표시하고자
하는 속성의 눈동자를 모두 켜줍니다.

⑫ 와인 로그 페이지를 보면 표시한 속성이 모두 보이는 것을 확인할 수 있습니다.

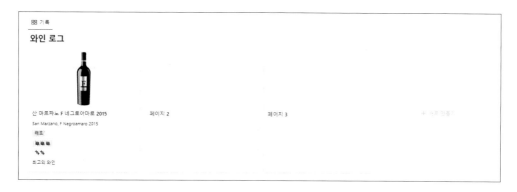

노션 저널 유지하기

내용을 추가하려면 [+ 새로 만들기]를 클릭하여 와인 리스트 목록을 채워줍니다. 가격
정보를 추가하고 싶다면 [숫자] 속성을 추가하여 입력해 나갈 수도 있습니다.

기록 페이지 예시 : 짐싸기 체크리스트

STEP 09·7

여행 계획 시 미리 챙겨갈 물건 리스트를 작성해 두면 여행을 떠날 때 필요한 물건을 잊지 않고 챙길 수 있고 짐을 꾸리는 시간도 절약됩니다. 여행을 다녀온 후에는 리스트에 추가해 넣으면서 보완해 나갈 수 있습니다. 짐싸기 체크리스트의 경우 노션 저널에서는 드물게 데이터베이스를 사용하지 않으므로 블록으로 제작해 보겠습니다.

 짐싸기 체크리스트 만들기　　　실습 예제 시연 영상

실습 기능 : 열 나누기, 제목3 블록, 할 일 목록 블록

01 새 페이지를 추가한 후 적절한 커버 및 아이콘을 지정하고 페이지 제목을 입력합니다. ❶ '/3열' 명령어를 통해 ❷ [3개의 열]을 추가하여 페이지의 단을 나누어 줍니다.

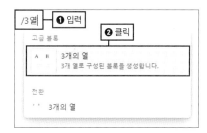

02 '아빠', '엄마', '아기' 텍스트를 각 열에 하나씩 입력한 후 드래그하여 모두 선택해 줍니다.

03 ❶ 전환 명령어인 Command / Ctrl + / 를 입력한 후 ❷ '제목3' 블록을 입력한 다음 ❸ [제목3] 블록을 선택해 줍니다.

04 다음과 같이 텍스트 블록이 모두 제목3으로 변경되었습니다. 텍스트를 드래그한 후 편집 툴 바를 이용하여 각각 적절한 배경색을 선택해 꾸며줍니다.

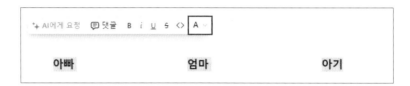

05 열을 유지한 채 아래쪽에 내용을 추가하기 위해 마우스 커서를 ❶ 위치에 둔 후 Enter 를 눌러서 목록을 작성합니다. '여행'과 '해외 여행'도 [2개의 열]을 추가한 후 [할 일 목록] 블록을 통해 내용을 입력해 봅니다.

아빠❶
- ☐ 칫솔 치약
- ☐ 잠옷
- ☐ 케이블
- ☐ 소화제

엄마❶
- ☐ 노트북
- ☐ 배터리
- ☐ 파우치
- ☐ 화장품

애기❶
- ☐ 내복
- ☐ 여벌옷
- ☐ 장난감
- ☐ 간식

여행
- ☐ 수영복
- ☐ 선글라스
- ☐ 여분 파우치

해외 여행
- ☐ 어댑터
- ☐ 여권
- ☐ 아이패드

06 '/체크박스' 명령어를 통해 체크박스 블록을 만든 후 [체크박스] 블록을 선택하여 리스트를 작성할 수도 있고, 우선 텍스트만 나열한 후 모두 선택한 다음 'Command / Ctrl + /'를 통해 [할 일 목록] 블록으로 한꺼번에 [전환]을 할 수도 있습니다.

07 오른쪽과 같이 완성되었습니다. 체크 박스 블록에 체크하면서 사용합니다.

노션 저널 유지하기

아이템을 수정하려면 [할 일 목록] 블록을 추가하거나 삭제하여 관리합니다. 열을 추가하여 구성원을 추가하거나 상황을 추가해 관리합니다.

관리 페이지 예시 : 카드 혜택

STEP 09·8

카드 혜택 페이지는 갖고 있는 카드 혜택을 태그를 통해 요약하여 확인하고, 실적이 완료되면 다른 카드를 사용하도록 관리할 수 있습니다. 필자의 사전 질문지 답변 예시는 다음과 같습니다.

> ⑦ 현재 추적하여 기록하고 있거나 앞으로 하고 싶은 분야는 무엇인가요? (관리, 기록)
> 가계부, 카드 혜택 관리, 맛집, 여행, 요리, 아이 장난감 정리, 습관 관리

실습 **카드 혜택 페이지 만들기**   실습 예제 시연 영상

실습 기능 : 리스트 보기 데이터베이스, 제목 토글 블록, 목차 블록, 데이터베이스 보기 추가

01 새 페이지를 추가한 후 적절한 커버 및 아이콘을 지정하고 페이지 제목을 입력합니다. 페이지 내용에 ❶ '/리스트' 명령어를 통해 ❷ [리스트 보기]를 생성합니다. 다음과 같이 리스트 보기 데이터베이스가 생성되었습니다.

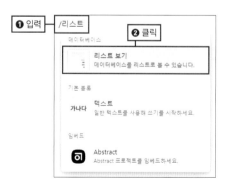

▲ 리스트 보기 데이터베이스 생성 시 세팅되는 기본 화면

02 리스트 보기는 기본 세팅으로 [생성일] 속성과 [다중 선택] 속성이 적용됩니다.

▲ 리스트 보기 데이터베이스 생성 시 세팅되는 기본 페이지 속성

03 속성을 추가하고 이름을 편집해 보겠습니다. [체크박스] 속성을 추가하여 '실적 완료'로 이름을 변경하고, [다중 선택] 속성은 '요약'으로 이름을 변경해 줍니다. [숫자] 속성을 2개 추가하여 각각 '실적', '연회비'로 이름을 변경해 줍니다. '요약'의 [다중 선택] 속성에는 해당 카드의 혜택을 한눈에 볼 수 있도록 태그를 설정해 줍니다.

04 다음과 같이 리스트 보기 형태에서 해당 카드의 혜택을 한눈에 확인할 수 있습니다. 오른쪽 끝의 [체크박스] 속성은 해당 카드의 실적을 이번 달에 달성했을 때 체크해 둡니다.

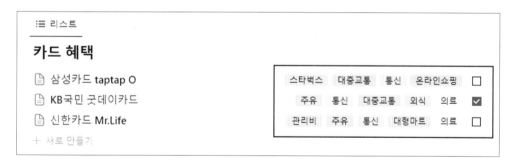

05 해당 페이지를 클릭했을 때 상세 혜택을 볼 수 있도록 페이지 내용 안에 상세 내용을 입력해 둡니다. 웹사이트에서 내용을 모두 복사하여 붙여넣기 한 후 [제목 토글] 블록으로 정리합니다.

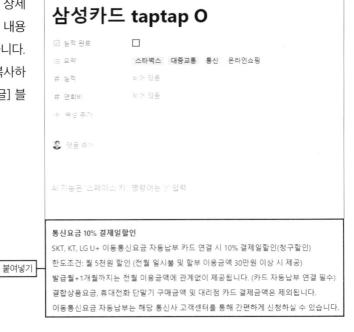

붙여넣기

통신요금 10% 결제일할인

SKT, KT, LG U+ 이동통신요금 자동납부 카드 연결 시 10% 결제일할인(청구할인)

한도조건: 월 5천원 할인 (전월 일시불 및 할부 이용금액 30만원 이상 시 제공)

발급월+1개월까지는 전월 이용금액에 관계없이 제공됩니다. (카드 자동납부 연결 필수)

결합상품요금, 휴대전화 단말기 구매금액 및 대리점 카드 결제금액은 제외됩니다.

이동통신요금 자동납부는 해당 통신사 고객센터를 통해 간편하게 신청하실 수 있습니다.

06 ❶ '/토글' 명령어를 통해 ❷ [제목 토글3]을 추가하고 ❸ 제목에 해당되는 '통신요금 10% 결제일할인' 내용을 입력한 후 상세 내용은 단축키 Command / Ctrl + Option / Alt + T 를 이용하여 토글 안에 넣어줍니다.

❸ 입력

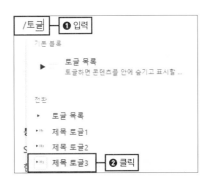

▼ **통신요금 10% 결제일할인**

SKT, KT, LG U+ 이동통신요금 자동납부 카드 연결 시 10% 결제일할인(청구할인)

한도조건: 월 5천원 할인 (전월 일시불 및 할부 이용금액 30만원 이상 시 제공)

발급월+1개월까지는 전월 이용금액에 관계없이 제공됩니다. (카드 자동납부 연결 필수)

결합상품요금, 휴대전화 단말기 구매금액 및 대리점 카드 결제금액은 제외됩니다.

이동통신요금 자동납부는 해당 통신사 고객센터를 통해 간편하게 신청하실 수 있습니다.
- SKT 1599-0011(유료), 휴대전화 114(무료)
- KT 1588-0010(유료), 휴대전화 114, 100(무료)
- LG U+ 1544-0010(유료), 휴대전화 114(무료)

07 모든 내용을 완성한 후 상세 내용은 화살표를 클릭하여 토글 안으로 숨겨주면 토글의 제목만 보여지게 됩니다.

- ▶ **통신요금 10% 결제일할인**
- ▶ **신세계·롯데·현대·갤러리아 등**
- ▶ **S-OIL·GS칼텍스·SK에너지 등**
- ▶ **스타벅스·커피빈·카페베네·할리스 등**
- ▶ **CU·세븐일레븐·GS25·미니스톱 등**
- ▶ **택시 천원당 스카이패스 2마일리지적립**

08 ❶ '/목차' 명령어를 통해 [목차] 블록을 추가해 주면 내용이 길어졌을 때 쉽게 이동할 수 있습니다. ❷ [목차]를 클릭하면 ❸ 제목1, 제목2, 제목3으로 작성된 블록을 자동으로 목차 형태로 생성해 줍니다.

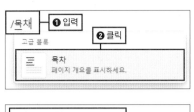

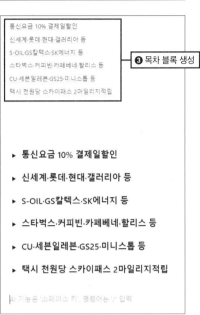

09 다른 카드 내용도 추가하여 다음과 같이 완성합니다.

🖥️ **노션 저널 유지하기**

　　　内容을 추가하려면 [+ 새로 만들기]를 클릭하여 내용을 알맞게 채워줍니다. 실적이 완료되면 다음에 어떤 카드를 사용할지는 매일 체크하는 허브 페이지인 'Today is' 페이지 섹션에 업데이트해 줍니다.

STEP
09·9

관리 페이지 예시 : 운동

필자의 사전 질문지 답변 예시는 다음과 같습니다.

> ⑥ 현재 취미 및 공부하고 있는 주제는 무엇인가요? (관리, 기록)
>
> 와인, 운동

운동 유튜브 영상을 임베드하여 노션 페이지 내에서 모아 볼 수 있도록 만들어 보겠습니다. 섬네일을 가져와서 갤러리 보기 데이터베이스로 만들어 보겠습니다.

 운동 페이지 만들기　　　　　　　　　　　실습 예제 시연 영상

실습 기능 : 갤러리 보기 데이터베이스

01 새 페이지를 추가한 후 적절한 커버 및 아이콘을 지정하고 페이지 제목을 입력합니다. 페이지 내용에 '/갤러리' 명령을 입력하여 갤러리 데이터베이스 보기를 추가합니다.

> 🎛 갤러리 보기
>
> 제목 없음 — 입력
>
> 페이지 1　　　　　　　　페이지 2
>
> 　　　　　　　　　　　　　　　　　+ 새로 만들기
>
> 페이지 3

02 ❶ 운동 유튜브 영상의 URL을 붙여넣기 한 후 ❷ [임베드 생성]을 클릭합니다.

03 다음과 같이 유튜브 영상이 노션 페이지에 임베드되었습니다.

04 ❶ 페이지 제목에 운동 명칭을 '걷기'로 입력하고 ❷ 기본 세팅되어 있는 속성을 [선택] 속성으로 변경하여 '소요시 간'으로 이름을 바꾸어 주고, 두 번째 속성은 [다중 선택] 속성으로 변경한 후 '부위'로 이름을 바꾸어 줍니다.

05 '이미지 주소 복사'를 통해 동영상의 섬네일 이미지를 복사한 후 커버 이미지에 적용해 줍니다. 페이지 상단에서 '커버 추가'를 클릭한 후 ❶ [링크]를 클릭하여 ❷ URL

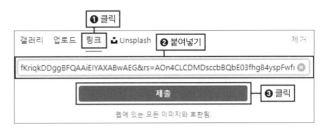

을 붙여넣기 하고 ❸ [제출]을 클릭합니다.

06 [카드 미리보기]는 '페이지 커버'를 선택합니다.

07 [갤러리에 표시하기] 속성에서 눈동자를 모두 켜줍니다.

08 섬네일을 보고 페이지를 클릭하면 바로 노션 페이지에 임베드되어 있는 영상을 볼 수 있습니다. [소요시간], [부위]의 속성이 보이는 것을 확인할 수 있습니다.

노션 저널 유지하기

내용을 추가하려면 [+ 새로 만들기]를 통해 내용을 추가해 줍니다. 내용이 많아지면 [필터] 기능을 이용하여 여러 개의 보기 형태를 만들어 관리할 수도 있습니다.

STEP 09·10 관리 페이지 예시 : 냉장고 지도

필자의 사전 질문지 답변 예시는 다음과 같습니다.

> ⑦ 현재 추적하여 기록하고 있거나 앞으로 하고 싶은 분야는 무엇인가요? (관리, 기록)
> 가계부, 카드 혜택 관리, 맛집, 여행, 요리, 아이 장난감 정리, 냉장고 정리

냉장고 지도는 냉장고에 어떤 재료가 있는지, 구입한지 얼마나 되었는지, 이 재료로 어떤 요리를 할 수 있는지, 장을 볼 때는 어떤 재료를 구입해야 하는지 확인할 수 있어서 식재료의 낭비를 줄이고 냉장고를 잘 관리할 수 있습니다.

 실습 냉장고 지도 페이지 만들기 　　실습 예제 시연 영상

실습 기능 : 보드 보기 데이터베이스, 관계형 속성

01 새 페이지를 추가한 후 적절한 커버 및 아이콘을 지정하고 페이지 제목을 입력합니다. 보드 보기 데이터베이스를 추가하고 제목을 '냉장고 지도'라고 입력한 후 [+ 새로 만들기]를 클릭하면 왼쪽과 같이 [상태], [담당자] 속성이 지정되어 있는 것을 확인할 수 있습니다. [선택], [날짜] 속성을 추가하여 각각 이름을 '위치', '언제샀지'로 변경하고, [수식] 속성은 '얼마나됐지'로 변경합니다.

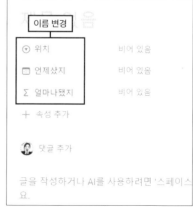

02 보드 보기의 기준이 되는 속성을 [위치] 속성으로 지정해 주려고 합니다. ❶ [위치] 속성의 내용을 클릭하여 '냉장', '냉동', '소스', '상온' 등 원하는 기준으로 입력하고, 삭제하고자 하는 태그는 ❷ 파란색 박스로 표시된 […]를 클릭하여 삭제합니다. '시작 전', '진행 중', '완료' 속성을 삭제했습니다.

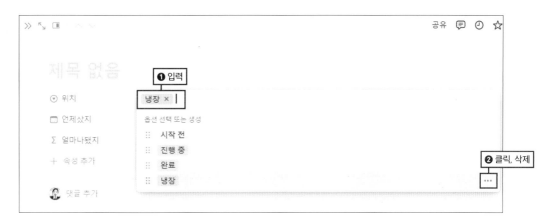

03 ❶ [얼마나됐지] 속성의 '비어 있음'을 클릭하여 ❷ 아래 수식을 입력합니다. '언제샀지'의 날짜와 오늘 날짜 사이의 경과된 날짜를 일 단위로 결괏값을 산출해 주는 수식입니다. ❸ [완료]를 클릭합니다.

abs(dateBetween(prop("언제샀지"), now(), "days"))

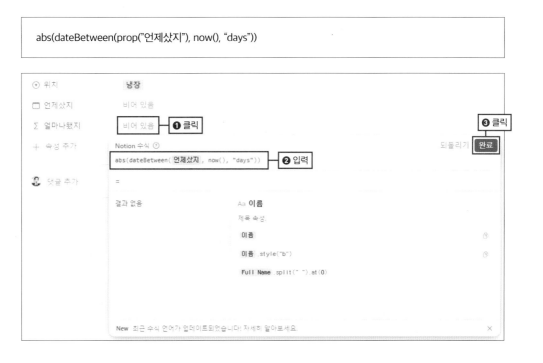

04 [언제샀지] 속성에 날짜를 임의로 지정해 줍니다. [얼마나됐지] 속성의 결괏값이 산출되는 것을 확인할 수 있습니다.

05 보드 보기의 그룹화 기준을 '위치'로 설정해 주겠습니다. 데이터베이스 우측 상단의 더 보기(…)를 클릭한 후 그룹화 기준은 '위치'라는 [선택] 속성으로 변경해 줍니다.

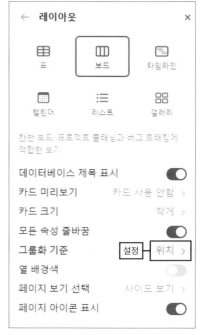

▲ 보드 데이터베이스 레이아웃 편집 화면

06 정렬 기능을 통해 구매한 지 오래된 식재료가 가장 상단에 위치하도록 설정해 줍니다. 데이터베이스의 오른쪽 상단 [정렬]을 클릭한 후 '얼마나 됐지' 속성을 선택해 줍니다. ❶ [v]를 클릭한 후 ❷ [내림차순]으로 설정합니다.

07 보드 보기 레이아웃에서 [얼마나됐지] 속성이 보이도록 설정해 줍니다. 데이터베이스의 오른쪽 […]를 클릭한 후 [속성]을 클릭하면 그림과 같이 표시하려는 속성을 선택할 수 있습니다.

08 다음과 같이 구매한 지 오래된 순서대로 정렬되며, 일수가 보드에 표시되는 것을 확인할 수 있습니다.

09 속성 추가를 통해 [관계형] 속성을 추가해 보겠습니다. [관계형] 속성을 추가하면 어떤 데이터베이스와 연결할지 선택하는 목록이 나타납니다. 예제로 제공된 [레시피북] 데이터베이스를 미리 워크스페이스에 템플릿 복제해 두고, 클릭하여 어떤 재료로 어떤 음식을 만들 수 있는지 연결해 보겠습니다. 레시피북은 제공 예제로 배포되는 템플릿으로, [노션 저널] 독자 제공 템플릿에서 무료로 다운로드 받을 수 있습니다.

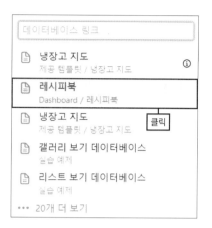

10 [레시피북에 표시]를 클릭하면 레시피북 데이터베이스에도 [관계형] 속성이 표시됩니다. 함께 표시되도록 활성화해 둡니다.

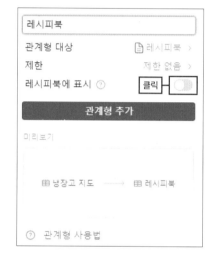

11 [레시피북] 데이터베이스 속성에 '냉장고 지도' 관계형이 추가된 것을 확인할 수 있습니다. '냉장고 지도' 필드를 클릭한 후 해당 레시피에 있는 재료가 냉장고에 있는지 검색해 봅니다. ❶ '무'로 검색하여 ❷ 페이지 링크를 추가해 두면 냉장고 지도 데이터베이스에 해당 레시피가 [관계형] 속성에 연결됩니다.

12 냉장고 지도 데이터베이스 내의 '무' 페이지에는 두 가지 레시피북 페이지가 관계형으로 연결되어 있는 것을 볼 수 있습니다. 고등어 무조림과 무생채 레시피북 페이지에서 [무]를 클릭하면 연결됩니다.

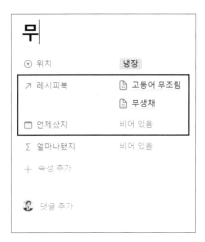

식재료를 구매하면 '냉장고 지도' 데이터베이스에 구매한 날짜, 위치를 입력하여 관리합니다. 냉장고를 매번 열어보지도 않아도, 외부에 있을 때도 냉장고에 어떤 음식이 있었는지 체크할 수 있고 오래된 식재료 순으로 정렬할 수 있어 낭비를 줄일 수 있습니다.

회고 페이지 예시 : 다이어리

회고는 다이어리 페이지를 통해 매일 하기도 하고, 일주일 단위나 한 달, 분기로 하기도 합니다. 노션 저널의 경우 매월 초에 지난 달에 했던 일을 돌아보도록 다이어리 페이지에서 노션의 반복 기능을 넣어 관리하도록 세팅되어 있습니다. 회고는 월 단위로 내가 얼만큼 많은 일을 해냈는지 체크하는 페이지입니다. 노션 저널에서의 회고는 반성에 초점을 맞추기보다 기록해 나간 내용들을 보면서 얼마나 많은 일을 했고 어떤 일을 했고 어떤 경험들을 했는지 살펴보고 동력을 얻는 데 초점을 맞추고 있습니다.

 실습 **다이어리 페이지 만들기**   실습 예제 시연 영상

실습 기능 : 캘린더 보기 데이터베이스, 템플릿, 함수, 갤러리 보기 데이터베이스, 데이터베이스 보기 추가

01 새 페이지를 추가한 후 적절한 커버 및 아이콘을 지정하고 페이지 제목을 입력합니다. 페이지 내용에 캘린더 보기 데이터베이스를 생성하고 '다이어리'라는 데이터베이스 제목을 입력합니다.

02 내용을 추가하고자 하는 날짜에 마우스 커서를 갖다 대고 [+]를 클릭하여 항목을 추가해 줍니다. 속성은 제시된 표와 같이 추가해 줍니다.

속성	속성 제목
날짜	날짜
선택	기분
텍스트	감사일기
사진	사진
다중 선택	어떤날
텍스트	오늘의말
텍스트	육아일기
날짜	탄생
함수	태어난지

 TIP

다이어리 페이지의 확장 사용

다이어리 페이지에는 간단한 일기로 하루를 기록하거나 감사 일기나 육아 일기를 쓰면서 관련된 페이지에 링크할 수도 있습니다.

03 속성을 모두 반영하고 나서 내용을 입력합니다.

04 탄생의 경우 기준이 되는 날짜를 입력해 주고, 이 날짜를 기준으로 [태어난지] 속성에 대한 함수 값이 계산됩니다. 노션 저널에서는 아이가 태어난 날 기준으로 함수 값을 세팅해 두었습니다. '탄생'이라는 [날짜] 속성과 '날짜'라는 [날짜] 속성 사이를 "days", 즉 일로 계산해 주는 함수입니다. 아래는 1월 30일부터 오늘 날짜까지 며칠이 지났는지 계산해 주는 함수식입니다. [태어난지]라는 수식 속성을 클릭해 보면 아래 수식이 입력되어 있는 것을 확인할 수 있습니다.

abs(dateBetween(기준일, 오늘 날짜, "두 날짜 사이를 일 단위로 계산"))

05 모든 데이터를 작성하고 나면 다음과 같이 날짜에 데이터를 입력한 카드가 나타납니다.

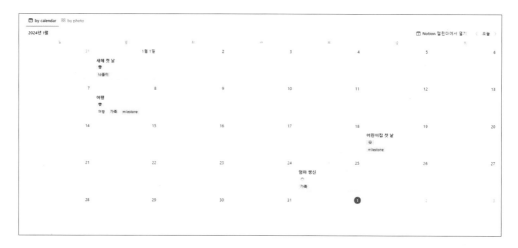

TIP
캘린더 보기 속성

캘린더 데이터베이스의 오른쪽 (⋯) 더 보기를 클릭한 후 [속성]을 클릭합니다. 노출하고자 하는 속성의 눈 모양을 클릭하면 캘린더 화면에서 해당 속성을 볼 수 있습니다.

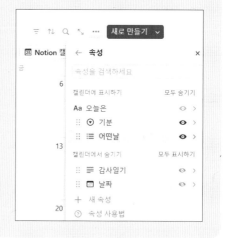

06 갤러리 보기 형태를 추가하여 사진만 모아서 볼 수도 있습니다.

템플릿 만들기

새로운 페이지를 입력할 때마다 '탄생' 날짜를 세팅하는 것이 번거롭기 때문에 데이터베이스의 템플릿을 만들어 보겠습니다. 페이지 내용에서 '템플릿을 생성하세요'를 클릭하면 데이터베이스의 템플릿을 생성할 수 있습니다.

❶ 템플릿의 이름을 '생일'로 지정하고, 템플릿으로 만들 부분만 입력해 줍니다. ❷ [탄생] 속성에 날짜를 입력해 주고 ❸ [← 뒤로]를 클릭하여 템플릿을 완료합니다. [← 뒤로]를 클릭하면 템플릿이 저장됩니다.

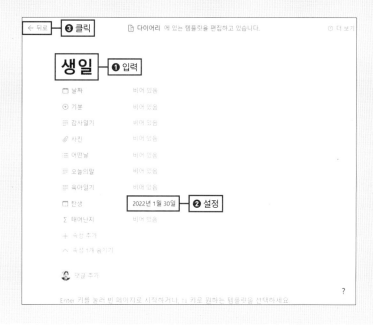

'생일'이라는 템플릿이 만들어져 있는 것을 확인할 수 있습니다.

[생일] 템플릿을 클릭하면 '탄생' 항목이 입력됨과 동시에 '태어난지' 함수도 자동 계산이 됩니다.

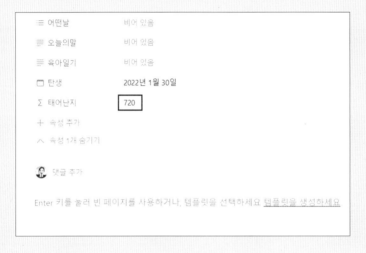

![모니터 아이콘] **노션 저널 유지하기**

기록할 내용을 일별로 추가하고, 별도로 관리하고 싶은 내용이 있으면 태그를 생성하여 관리합니다. 링크된 데이터베이스 보기를 통해 [필터] 기능을 이용하여 다이어리 내용 중 보고 싶은 내용만 추출해 관리할 수도 있습니다.

협업 페이지 예시 : Family calendar

친구나 가족 구성원과 함께하는 일도 노션 페이지를 통해 작업할 수 있습니다. 가장 보편적으로는 여행 계획을 짤 때 게스트로 노션 페이지에 초대하여 함께 일정을 짜기도 하고, 일정을 공유하거나 협업해야 하는 경우 [공유] → [게스트 추가] 기능을 통해 페이지를 함께 편집할 수 있습니다. 게스트 추가에 대한 자세한 기능은 CHAPTER 07-2를 참고해 주세요. 실습해 볼 페이지는 가족 간에 서로 일정을 공유하고, 서로 할 일을 기록으로 남기고 체크할 수 있도록 하는 'Family calendar' 페이지입니다.

 Family calendar 페이지 만들기 실습 예제 시연 영상

실습 기능 : 게스트 초대, 보드 보기 데이터베이스, 링크된 데이터베이스 보기

01 새 페이지를 생성한 뒤 제목, 표지, 아이콘을 설정합니다.

02 페이지에 게스트를 추가합니다. ❶ 페이지 오른쪽 상단의 [공유]를 클릭한 후 ❷ 해당 페이지에 추가할 게스트의 이메일 주소를 입력하고 ❸ [초대]를 클릭합니다. 게스트의 이메일 주소를 통해 초대 메일이 발송됩니다.

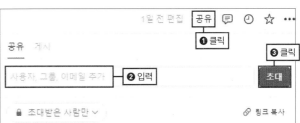

03 '/보드'를 입력하여 보드 보기 데이터베이스를 추가한 후 속성을 정리해 줍니다. 서로 챙겨야 할 일을 기록으로 남기고 체크하는 데이터베이스를 만들어 보겠습니다. 사용하지 않는 항목은 ❶ […]를 클릭하여 ❷ [숨기기] 처리를 해줍니다.

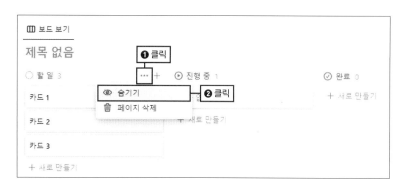

04 ❶ [상태] 속성의 [속성 편집]을 통해 [선택] 속성으로 변경합니다. ❷ [속성 편집]을 클릭하면 선택할 수 있는 속성 리스트를 볼 수 있습니다.

05 [선택] 속성을 추가하여 원하는 태그를 생성하고, [담당자] 및 [날짜] 속성도 추가합니다. 담당자에는 초대한 게스트를 선택합니다.

 TIP

선택 속성 종류 제안하기

필자는 선택 속성에서 '챙겨주세요', '완료', '확인' 내용을 추가하여 관리하고 있습니다. '챙겨주세요'에 우선 할 일을 넣어두고, 완료했을 때는 '완료'에 넣어두고, 확인한 일은 '확인' 항목으로 옮겨두며 관리합니다.

06 [담당자] 속성을 클릭하면 페이지에 초대된 게스트와 본인 계정을 볼 수 있습니다. 할 일 별로 담당자를 지정해 줍니다. 리마인더가 필요한 일일 경우 ❶ [날짜] 속성을 클릭하여 ❷ 원하는 날짜를 클릭한 후 ❸ 리마인더를 '당일'로 설정합니다.

07 [날짜] 속성에 리마인더 기능을 설정하여 알림을 받아볼 수 있습니다. '/데이터 링크' 명령어를 통해 [링크된 데이터베이스 보기]를 추가합니다. 지금 추가한 [링크된 데이터베이스 보기]를 클릭하여 아래쪽에 Today is에 추가해 두었던 달력을 불러옵니다.

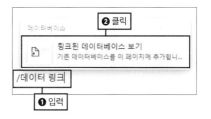

08 'Calendar' 데이터베이스를 검색하여 불러옵니다. 캘린더를 따로 생성하지 않고, Today is 실행 페이지에서 사용하는 캘린더를 불러오기만 하면 됩니다. 불러온 캘린더 내용 중 태그가 'family'인 데이터만 보이도록 필터를 설정해 줍니다. Today is 페이지의 캘린더에서 개인적인 일정은 'me' 태그로 설정하고, 가족과 공유해야 하는 일정은 [family] 속성으로 지정해 두었기 때문에 가족과 공유하는 캘린더에는 'family' 태그에 해당되는 내용만 보이도록 하기 위함입니다.

09 불러온 캘린더 데이터베이스의 경우 해당 데이터베이스도 게스트와 공유되어 있어야 게스트 페이지에서도 보이게 됩니다. 보드 태그 및 내용을 좀 더 추가하여 다음과 같이 완성했습니다.

🖥️ **노션 저널 유지하기**

'챙겨주세요'에 내용을 입력하고 완료 후에는 '완료' 항목으로 옮겨줍니다. 확인한 내용은 [확인] 속성으로 옮겨주고, Calendar에도 게스트로 초대한 사용자가 내용을 추가할 수 있도록 편집 권한을 부여하여 관리합니다. 편집 권한은 개인 플러스 요금제를 이용해야 사용 가능합니다.

▲ 노션 저널 작성 과정 : Dashboard 만들기

페이지를 모두 만들고 나면 Dashboard를 만들어서 모든 페이지를 구조에 맞게 정돈합니다.

실습 ▶ Dashboard 만들기

실습 예제 시연 영상

실습 기능 : Indify 위젯 추가, 수학 공식 블록, 열 나누기, 구분선 블록, 페이지 이동, 아이콘 변경

01 새 페이지를 추가한 후 적절한 커버 및 아이콘을 지정하고 페이지 제목을 Dashboard로 입력합니다. ❶ '/2열' 명령어를 통해 ❷ [2개의 열]을 추가하여 페이지를 2단으로 나누어 줍니다.

02 왼쪽 열에 [콜아웃] 블록을 추가하고 세로 막대를 이용하여 위치를 조금 더 왼쪽으로 옮겨줍니다.

03 ❶ www.indify.co에서 제작한 날씨 위젯의 URL을 복사하여 붙여넣기 하고 ❷ [임베드 생성]을 클릭합니다.

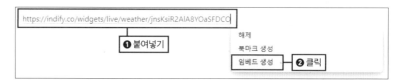

TIP

indify 위젯

STEP 08·4·① 내용을 참고하여 indify를 통해 위젯을 선택하여 만들 수 있습니다. 위젯이 필요 없다면 추가하지 않아도 됩니다.

04 위젯이 추가되면 블록 핸들(⁚⁚)을 이용하여 콜아웃 블록 안으로 드래그해 위치를 이동합니다.

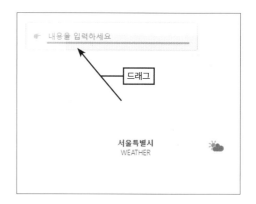

05 ❶ 'Weather' 텍스트를 입력하고 드래그하여 선택한 후 ❷ 편집 툴 바에서 글자색을 ❸ 노란색으로 변경합니다.

06 텍스트를 굵게 처리하고 기울임체로 스타일을 주고, [Enter]를 눌러서 아래에 하이픈 3개(---)를 추가하여 구분선 블록을 추가합니다.

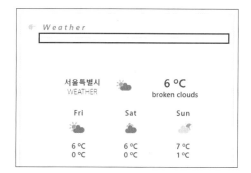

07 Progress Bar, D-day 위젯도 동일하게 추가해 주었습니다. 오른쪽 열에 '/수식' 명령어를 통해 [수학 공식] 블록을 추가하고 ❶ 수식을 입력한 후 ❷ [완료]를 클릭합니다. 반드시 수학 서식을 이용하여 소제목을 추가하지 않아도 되므로 기호에 따라 작성합니다.

08 ❶ '/2열' 명령어를 통해 ❷ [2개의 열]을 추가하여 페이지를 단으로 나누어 줍니다.

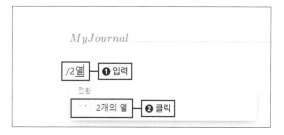

09 ❶ 'Daily & Value' 텍스트를 입력하고 드래그한 후 필요한 스타일을 지정해 줍니다. ❷ 편집 툴 바에서 '굵게'와 '기울임' 처리를 해줍니다.

10 아래쪽에 구분선을 추가해 줍니다.

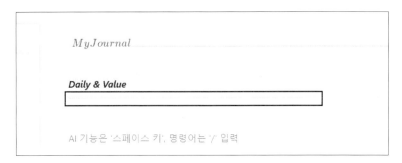

11 동일한 방법으로 6개의 섹션을 만들어 줍니다. 구분선 아래쪽에는 [콜아웃] 블록을 추가하여 적절한 아이콘으로 변경하고 섹션을 간단히 설명하는 내용을 추가한 후 배경색을 넣습니다.

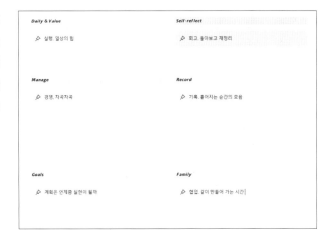

12 사이드 바에서 기존에 만들었던 페이지를 드래그하여 각 주제에 해당하는 섹션 아래쪽에 끌어다 놓습니다. 예를 들면, 사이드 바에 있는 '회고 모음' 페이지를 드래그하여 'Self-reflect' 하단으로 이동시킵니다.

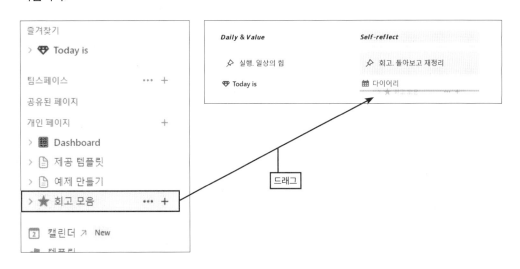

13 만들어 두었던 페이지를 모두 드래그하여 Dashboard로 옮겨줍니다.

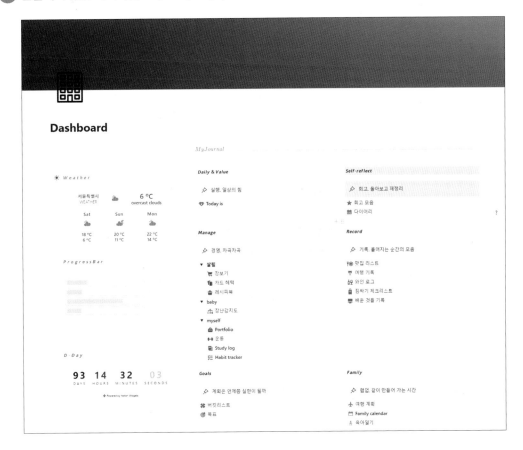

노션 저널 유지하기

　　페이지를 새로 만들면 6개 섹션 중 해당되는 섹션 아래에 페이지를 드래그하여 옮겨 놓습니다. 'Manage' 섹션처럼 페이지가 길어질 경우 토글 형태로 지정해 두고 관리합니다.